los indios
de Norteamérica

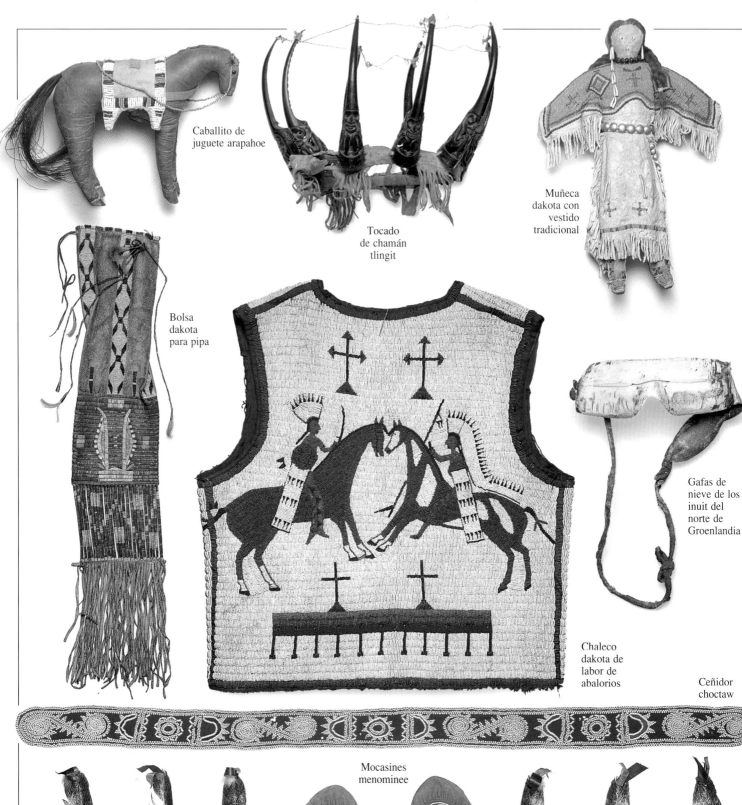

Caballito de juguete arapahoe

Tocado de chamán tlingit

Muñeca dakota con vestido tradicional

Bolsa dakota para pipa

Gafas de nieve de los inuit del norte de Groenlandia

Chaleco dakota de labor de abalorios

Ceñidor choctaw

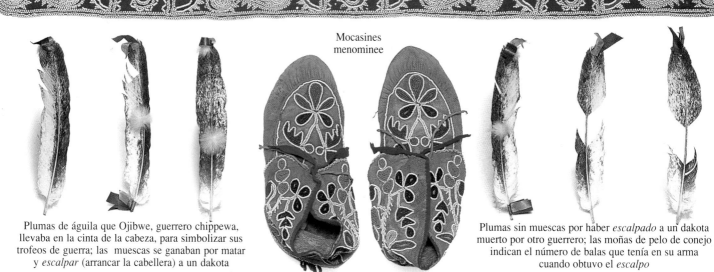

Mocasines menominee

Plumas de águila que Ojibwe, guerrero chippewa, llevaba en la cinta de la cabeza, para simbolizar sus trofeos de guerra; las muescas se ganaban por matar y *escalpar* (arrancar la cabellera) a un dakota

Plumas sin muescas por haber *escalpado* a un dakota muerto por otro guerrero; las moñas de pelo de conejo indican el número de balas que tenía en su arma cuando obtuvo el *escalpo*

Tocado
de crin
de caballo

Adorno tlingit para el
pelo, hecho del colmillo
de un cerdo salvaje

BIBLIOTECA VISUAL ALTEA

los indios de Norteamérica

Escrito por
DAVID MURDOCH

Asesor
STANLEY A. FREED PhD
Curator, Department of Anthropology, AMNH

Fotografías de
LYNTON GARDINER

Pareja de
calumets
(pipas)
omaha

Altea

Porra arapahoe
para la Danza
de los
Espíritus

Porra
penoboscot
de piedra

Silbato
dakota

DK

UN LIBRO DE DORLING KINDERSLEY

Consejo editorial

Londres:
Peter Kindersley, Marion Dent, Vicky Wharton,
Simon Adams, Julia Harris, Céline Carez,
Sarah Moule, Catherine Semark

París:
Pierre Marchand, Jean-Olivier Héron, Christine Baker,
Anne de Bouchony, Catherine de Sairigné-Bon

Madrid:
Elena Fernández-Arias Almagro

Asesores: Laila Williamson y Scarlett Lovell, del American
Museum of Natural History, Nueva York; y Mary Ann Lynch

Traducido por María Barberán

Título original: Eyewitness Guide. Volume 60: *North American Indian*
Publicado originalmente en 1995 en Gran Bretaña
por Dorling Kindersley Limited, 9 Henrietta street,
London WC2E 8PS,
y en Francia por Éditions Gallimard, 5, rue
Sébastien Bottin, 75341 París

Copyright © 1995 by Dorling Kindersley Limited, Londres,
y Éditions Gallimard, París

© 1996, Santillana, S. A. de la presente edición
en lengua española
Elfo, 32. 28027 Madrid

Aguilar, Altea, Taurus, Alfaguara, S. A.
Beazley, 3860. 1437 Buenos Aires

Aguilar, Altea, Taurus, Alfaguara, S. A. de C. V.
Av. Universidad, 767. Col. Del Valle
México, D.F. C.P. 03100

Editorial Santillana, S. A.
Carrera 13, n.º 63-69, piso 12
Santafé de Bogotá - Colombia

Santillana Publishing Co.
Beacon Center
2043 N.W. 87th Avenue Miami, FL 33172 U.S.A.

ISBN: 84-372-3804-8

Porra
dakota
de guerra

Bolsa apache
para tabaco

Látigo
navajo

Arco y flechas hopi

Porra
apache
de guerra

Sumario

Cráneo de
búfalo de la
tribu pies negros

El poblamiento

¿QUIÉNES FUERON LOS PRIMEROS AMERICANOS? Los arqueólogos están de acuerdo en que probablemente ciertos grupos de emigrantes atravesaron el puente de hielo que en el Período Glaciar se formó entre Siberia y Alaska; pero no están de acuerdo en cuándo sucedió esto. Al principio se dijo que hace unos 12.000 años, pero ahora algunas teorías científicas recientes han retrasado esa fecha hasta hace unos 40.000 años. Algunos indígenas actuales de Norteamérica sitúan sus orígenes en América. La arqueología nos dice que, vengan de donde vinieron, los primeros americanos, al adaptarse al clima y al ambiente cambiantes, evolucionaron desde ser unos cazadores que empleaban armas con puntas de sílex hasta formar sociedades muy adelantadas de agricultores y artesanos.

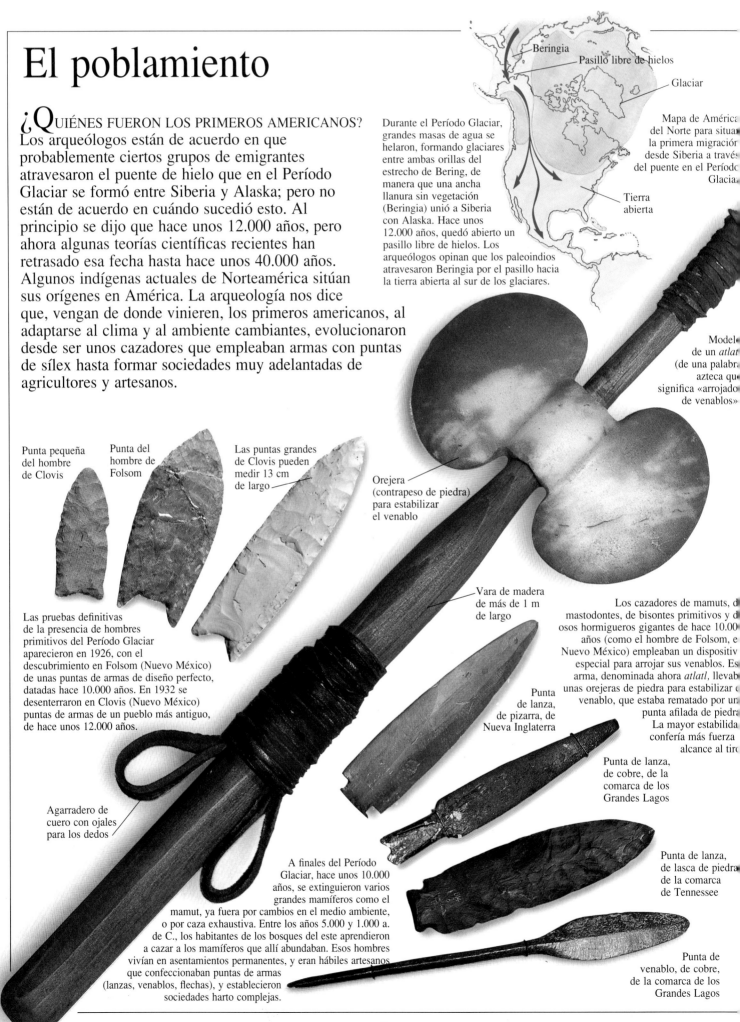

Durante el Período Glaciar, grandes masas de agua se helaron, formando glaciares entre ambas orillas del estrecho de Bering, de manera que una ancha llanura sin vegetación (Beringia) unió a Siberia con Alaska. Hace unos 12.000 años, quedó abierto un pasillo libre de hielos. Los arqueólogos opinan que los paleoindios atravesaron Beringia por el pasillo hacia la tierra abierta al sur de los glaciares.

Beringia

Pasillo libre de hielos

Glaciar

Mapa de América del Norte para situar la primera migración desde Siberia a través del puente en el Período Glaciar

Tierra abierta

Modelo de un *atlatl* (de una palabra azteca que significa «arrojador de venablos»)

Punta pequeña del hombre de Clovis

Punta del hombre de Folsom

Las puntas grandes de Clovis pueden medir 13 cm de largo

Orejera (contrapeso de piedra) para estabilizar el venablo

Las pruebas definitivas de la presencia de hombres primitivos del Período Glaciar aparecieron en 1926, con el descubrimiento en Folsom (Nuevo México) de unas puntas de armas de diseño perfecto, datadas hace 10.000 años. En 1932 se desenterraron en Clovis (Nuevo México) puntas de armas de un pueblo más antiguo, de hace unos 12.000 años.

Vara de madera de más de 1 m de largo

Los cazadores de mamuts, de mastodontes, de bisontes primitivos y de osos hormigueros gigantes de hace 10.000 años (como el hombre de Folsom, en Nuevo México) empleaban un dispositivo especial para arrojar sus venablos. Esa arma, denominada ahora *atlatl,* llevaba unas orejeras de piedra para estabilizar el venablo, que estaba rematado por una punta afilada de piedra. La mayor estabilidad confería más fuerza y alcance al tiro.

Punta de lanza, de pizarra, de Nueva Inglaterra

Punta de lanza, de cobre, de la comarca de los Grandes Lagos

Agarradero de cuero con ojales para los dedos

Punta de lanza, de lasca de piedra de la comarca de Tennessee

A finales del Período Glaciar, hace unos 10.000 años, se extinguieron varios grandes mamíferos como el mamut, ya fuera por cambios en el medio ambiente, o por caza exhaustiva. Entre los años 5.000 y 1.000 a. de C., los habitantes de los bosques del este aprendieron a cazar a los mamíferos que allí abundaban. Esos hombres vivían en asentamientos permanentes, y eran hábiles artesanos que confeccionaban puntas de armas (lanzas, venablos, flechas), y establecieron sociedades harto complejas.

Punta de venablo, de cobre, de la comarca de los Grandes Lagos

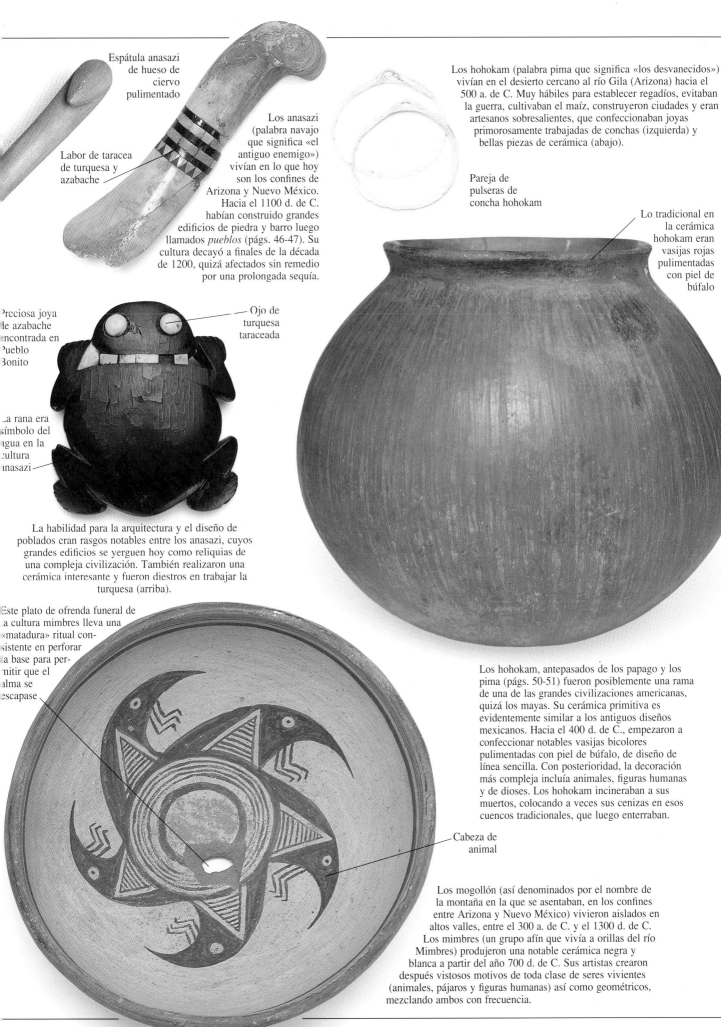

Espátula anasazi de hueso de ciervo pulimentado

Labor de taracea de turquesa y azabache

Los anasazi (palabra navajo que significa «el antiguo enemigo») vivían en lo que hoy son los confines de Arizona y Nuevo México. Hacia el 1100 d. de C. habían construido grandes edificios de piedra y barro luego llamados *pueblos* (págs. 46-47). Su cultura decayó a finales de la década de 1200, quizá afectados sin remedio por una prolongada sequía.

Los hohokam (palabra pima que significa «los desvanecidos») vivían en el desierto cercano al río Gila (Arizona) hacia el 500 a. de C. Muy hábiles para establecer regadíos, evitaban la guerra, cultivaban el maíz, construyeron ciudades y eran artesanos sobresalientes, que confeccionaban joyas primorosamente trabajadas de conchas (izquierda) y bellas piezas de cerámica (abajo).

Pareja de pulseras de concha hohokam

Lo tradicional en la cerámica hohokam eran vasijas rojas pulimentadas con piel de búfalo

Preciosa joya de azabache encontrada en Pueblo Bonito

Ojo de turquesa taraceada

La rana era símbolo del agua en la cultura anasazi

La habilidad para la arquitectura y el diseño de poblados cran rasgos notables entre los anasazi, cuyos grandes edificios se yerguen hoy como reliquias de una compleja civilización. También realizaron una cerámica interesante y fueron diestros en trabajar la turquesa (arriba).

Este plato de ofrenda funeral de la cultura mimbres lleva una «matadura» ritual consistente en perforar la base para permitir que el alma se escapase

Los hohokam, antepasados de los papago y los pima (págs. 50-51) fueron posiblemente una rama de una de las grandes civilizaciones americanas, quizá los mayas. Su cerámica primitiva es evidentemente similar a los antiguos diseños mexicanos. Hacia el 400 d. de C., empezaron a confeccionar notables vasijas bicolores pulimentadas con piel de búfalo, de diseño de línea sencilla. Con posterioridad, la decoración más compleja incluía animales, figuras humanas y de dioses. Los hohokam incineraban a sus muertos, colocando a veces sus cenizas en esos cuencos tradicionales, que luego enterraban.

Cabeza de animal

Los mogollón (así denominados por el nombre de la montaña en la que se asentaban, en los confines entre Arizona y Nuevo México) vivieron aislados en altos valles, entre el 300 a. de C. y el 1300 d. de C. Los mimbres (un grupo afín que vivía a orillas del río Mimbres) produjeron una notable cerámica negra y blanca a partir del año 700 d. de C. Sus artistas crearon después vistosos motivos de toda clase de seres vivientes (animales, pájaros y figuras humanas) así como geométricos, mezclando ambos con frecuencia.

Plumas de águila
guarnecidas
con crin de
caballo

Un inmenso continente

HACIA EL AÑO 1500, CANADÁ Y LOS ESTADOS UNIDOS
estaban poblados por alrededor de 1.300.000 personas.
Durante unos 11.500 años, los descendientes de los
primeros emigrantes siberianos se habían
escindido en más de 300 tribus. La
población más densa vivía al este del
Mississippi, en California, y en el
noroeste. Habían establecido modos
de vida mediante la explotación de
recursos alimenticios en diferente
entornos, y habían desarrollado
unas habilidades artísticas más
que notables. Su mundo
estaba en constante
mudanza: se agotó la caza
de ciertos animales, y las
pertinaces sequías y las
guerras tribales les hicieron
emigrar. En los 400 años siguientes,
los europeos provocaron cambios
catastróficos, como fueron la pérdida de
territorios, la decadencia de la
población, y las restricciones culturales
para los indígenas de Norteamérica.

A comienzos del siglo XVI, los cheyennes ya no eran los
temidos guerreros de las Llanuras (págs. 28-29). Asentados en
aldeas, se dedicaban a las labores agrícolas en Minnesota. No
emigraron al Oeste hasta mediados del siglo XVIII, abandonando
la agricultura y la ganadería, y transformándose en jinetes
nómadas que vivían a expensas del búfalo. Entre ellos, un tocado
de guerra (izquierda) servía para distinguir a un respetado
guerrero cargado de experiencia.

El tocado
iba adornado
con tela roja,
cuentas de
vidrio y discos
de metal

Tocado de
guerra del jefe
cheyenne
Águila Blanca

Borla
de piel

Gorro apache de
piel adornado con
cuentas de vidrio
y discos de metal

Penacho
de plumas
de águila

Los apaches (págs. 48-49)
eran el año 1500 unos
recién llegados en el
suroeste, ya que parecen haber
emigrado desde Canadá unos 50
años antes. Al explorador español
Francisco Vázquez de Coronado
(1510-1554) le pareció que el grupo
chiricahua con el que se cruzó en
1540 eran «gente amable»; pero
bien pronto los españoles
opinaron de muy
diferente manera...

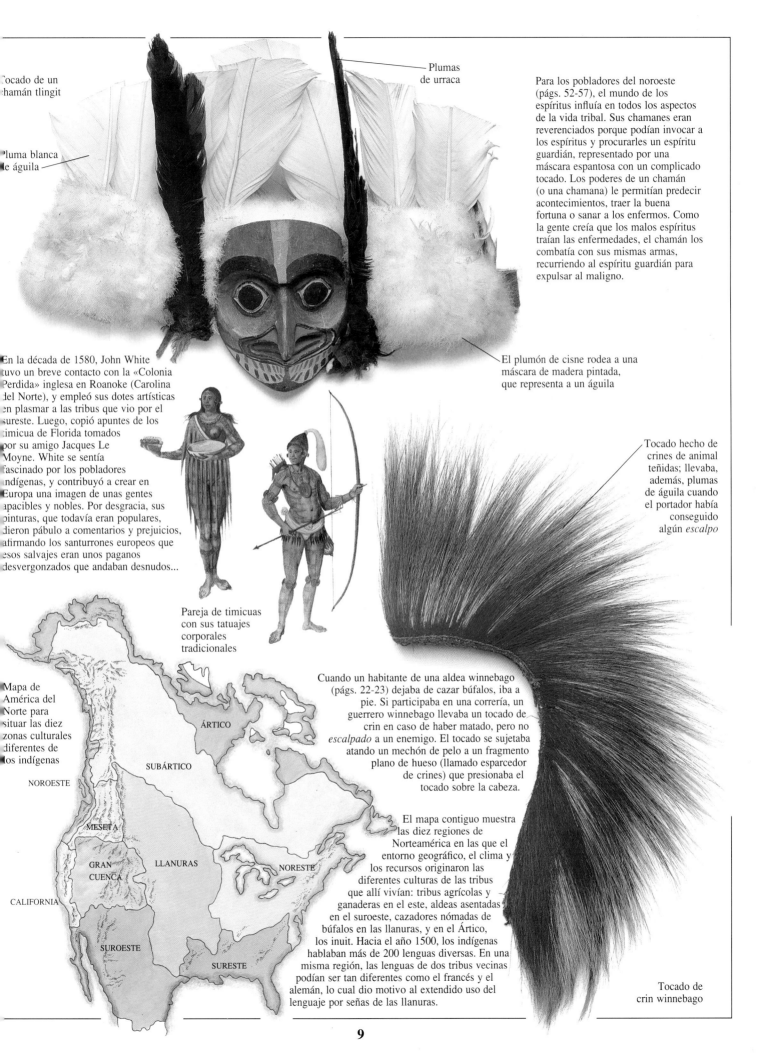

Tocado de un
chamán tlingit

Pluma blanca
de águila

Plumas
de urraca

Para los pobladores del noroeste (págs. 52-57), el mundo de los espíritus influía en todos los aspectos de la vida tribal. Sus chamanes eran reverenciados porque podían invocar a los espíritus y procurarles un espíritu guardián, representado por una máscara espantosa con un complicado tocado. Los poderes de un chamán (o una chamana) le permitían predecir acontecimientos, traer la buena fortuna o sanar a los enfermos. Como la gente creía que los malos espíritus traían las enfermedades, el chamán los combatía con sus mismas armas, recurriendo al espíritu guardián para expulsar al maligno.

En la década de 1580, John White tuvo un breve contacto con la «Colonia Perdida» inglesa en Roanoke (Carolina del Norte), y empleó sus dotes artísticas en plasmar a las tribus que vio por el sureste. Luego, copió apuntes de los timicua de Florida tomados por su amigo Jacques Le Moyne. White se sentía fascinado por los pobladores indígenas, y contribuyó a crear en Europa una imagen de unas gentes apacibles y nobles. Por desgracia, sus pinturas, que todavía eran populares, dieron pábulo a comentarios y prejuicios, afirmando los santurrones europeos que esos salvajes eran unos paganos desvergonzados que andaban desnudos...

El plumón de cisne rodea a una máscara de madera pintada, que representa a un águila

Tocado hecho de crines de animal teñidas; llevaba, además, plumas de águila cuando el portador había conseguido algún *escalpo*

Pareja de timicuas
con sus tatuajes
corporales
tradicionales

Mapa de
América del
Norte para
situar las diez
zonas culturales
diferentes de
los indígenas

ÁRTICO

SUBÁRTICO

NOROESTE

MESETA

GRAN
CUENCA

LLANURAS

NORESTE

CALIFORNIA

SUROESTE

SURESTE

Cuando un habitante de una aldea winnebago (págs. 22-23) dejaba de cazar búfalos, iba a pie. Si participaba en una correría, un guerrero winnebago llevaba un tocado de crin en caso de haber matado, pero no *escalpado* a un enemigo. El tocado se sujetaba atando un mechón de pelo a un fragmento plano de hueso (llamado esparcedor de crines) que presionaba el tocado sobre la cabeza.

El mapa contiguo muestra las diez regiones de Norteamérica en las que el entorno geográfico, el clima y los recursos originaron las diferentes culturas de las tribus que allí vivían: tribus agrícolas y ganaderas en el este, aldeas asentadas en el suroeste, cazadores nómadas de búfalos en las llanuras, y en el Ártico, los inuit. Hacia el año 1500, los indígenas hablaban más de 200 lenguas diversas. En una misma región, las lenguas de dos tribus vecinas podían ser tan diferentes como el francés y el alemán, lo cual dio motivo al extendido uso del lenguaje por señas de las llanuras.

Tocado de
crin winnebago

9

La medicina y los espíritus

Entre los indígenas de Norteamérica, el poder lo llenaba todo. Invisible pero omnipresente, esa fuerza sobrenatural del mundo de los espíritus se hallaba en las gentes, los animales y las plantas. Los chamanes eran unos hombres y mujeres fuera de serie que podían captar una parcela de ese poder con el fin de manipular el mundo cotidiano, en especial para sanar a los enfermos. Debido a que los chamanes llevaban consigo hierbas curativas, los europeos les llamaron «curanderos»; pero para un chamán y su tribu, todo poder de los espíritus era «medicina». Los chamanes se valían de ceremonias un tanto teatrales para ayudar a la mente del paciente a expulsar la enfermedad. En las Cinco Tribus del Sureste también tenían conocimientos acerca de ciertas drogas, como la cafeína estimulante y el ácido salicílico (la aspirina). Las tribus de las llanuras utilizaban raíces de la hierba fétida para el asma, y la milenrama para heridas de poca monta, remedios eficaces ambos.

Pipa
medicinal

La cazoleta
del tabaco se
conectaba aquí

Oso Viejo, chamán
de la tribu mandán,
retratado por
George Catlin

Cola de
zorro

Cordón
de
nervio

Pieles de animales y
de aves adornaban
la vestimenta de
piel de oso

Al igual que otras tribus de las llanuras, los mandán creían en visiones inducidas por el poder de los espíritus. Para obtener una visión, un mandán tenía que buscar la soledad, recitar oraciones, y dejar de ingerir comida hasta casi caer en el delirio. Una visión verdaderamente poderosa hacía del receptor un chamán. El atuendo y el equipo de Oso Viejo (arriba) eran dictados por la primera y sucesivas visiones del chamán y, por consiguiente, contenían poder.

George Catlin (1796-1872) tuvo el empeño de recoger el modo de vida de los indígenas de Norteamérica antes de que fuera destruido por los blancos. Llevó a cabo una gira por el Oeste norteamericano (1830-1836), obteniendo las confidencias de 48 tribus, y realizando más de 500 pinturas y apuntes realistas con profusas notas. El retrato contiguo muestra a un chamán de los pies negros de las llanuras en plena acción de una ceremonia curativa. Revestido de una piel de oso, cuya cabeza le servía de máscara, el chamán danzaba alrededor del paciente.

Durante
el ritual de
curación,
el chamán
sujetaba
esta figura

Figurilla
tallada en
madera
de la tribu
quinault

En la tribu hidatsa de las llanuras, la indigestión y otros dolores de vientre se trataban con masajes manuales o con ayuda de este instrumento que semeja una mano de almirez, y que solía estar hecho de madera de cedro blanco (arriba). El paciente se tumbaba, y se le frotaba la punta curva por la parte del estómago.

Doble boca
de león
marino

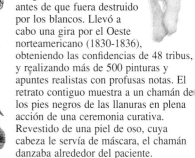

Hueso
de alce

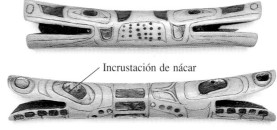

Incrustación de nácar

Al igual que todas las tribus del noroeste, los quinault creían en una multitud de espíritus que intervenían constantemente en la vida cotidiana. Los poderes de un chamán (o chamana) procedían en parte de su propio y exclusivo espíritu guardián. Cuando hacía de médico para expulsar a un espíritu maligno, el chamán llevaba consigo una figurilla de madera con la imagen de su espíritu guardián (arriba).

Los chamanes tsimshian, lo mismo que los de las demás tribus del noroeste, creían que la enfermedad era causada, o por un espíritu maligno, o por la pérdida del alma por parte del paciente, debido a veces al hechizo de una bruja. Por ello, el instrumento más importante de un chamán era un captador de almas (derecha). Era un tubo de marfil o de hueso tallado, y captaba el alma, devolviéndola al cuerpo del paciente. A veces, el soplar por el instrumento ayudaba a expulsar la enfermedad.

Alambre de cobre enrollado muy prieto alrededor del tubo de la pipa

Tubo de la pipa, de madera

Agarradero de plumas teñidas especialmente de rojo

Ristra de cascabeles cuyo sonido imitaba al del trueno durante la ceremonia sagrada

Este cordón con abalorios unía la borla de crines y plumas a la pipa.

Las más reverenciadas de las pipas medicinales de los pies negros de las llanuras eran las pipas del trueno. Con el primer trueno de la primavera, esas pipas se sacaban del fardo de los objetos sagrados y se ofrecían al espíritu del trueno. La ceremonia invocaba la protección contra el rayo (peligro frecuente en las llanuras) y también servía para recabar el poder de curar. La posesión de una pipa del trueno era señal de gran prestigio, y se daba por supuesto que esa propiedad se transmitiría a los demás.

Adorno de piel de animal

Estos motivos geométricos en rojo, azul, amarillo y verde eran típicos diseños de los dakota

Correas de cuero crudo para cerrar la tapa

Los costados están cosidos con cordoncillo rojo de hilaza sobre tela negra

Pluma de águila

Cartera dakota para medicinas y hierbas

Pipa sagrada medicinal del trueno, de los pies negros

Raíces envueltas en papel

Además de recurrir a los chamanes con sus poderes sobrenaturales para curar las enfermedades, los enfermos disponían de muchos medicamentos comunes sacados de las plantas. Esta cartera dakota, de hacia 1900, contenía hierbas para los dolores de muelas, los dolores de oídos, los dolores de estómago, las hemorragias, las inflamaciones y otros achaques. Las hierbas secas se desmenuzaban en un rallador de estaño, y con el polvo se hacía después una infusión.

Paquetito de hierbas atado con un nervio seco

El lejano Noreste

Mapa de Norteamérica en el que se ve la situación del Noreste: Nueva Inglaterra y las Tierras Bajas del río San Lorenzo, la franja litoral del Atlántico medio, el valle del río Ohio y los Grandes Lagos occidentales.

TIERRA DE ABUNDANTES CONTRASTES, el Noreste cubierto de bosques se extendía desde el río San Lorenzo hasta la actual Carolina del Norte, y por el oeste hasta al Mississippi. Sus habitantes disponían de un entorno rico en caza y pesca, en el que crecía el maíz, la calabaza y las alubias, excepto en el lejano Noreste, demasiado frío. Las tribus del norte, como los penobscot y los malecita, vivían entre lagos y ríos, y construyeron barcas de corteza de abedul, muy envidiadas por sus vecinos. Desde principios del siglo XVII, el comercio de pieles con los europeos les brindaron acceso a nuevos materiales y nuevas ideas. Sin embargo, los pueblos del noreste (como la poderosa Liga de los Iroqueses) se vieron arrastrados en el siglo XVIII en la lucha de los europeos por lo que luego fueron los Estados Unidos, y obligados a tomar parte en la Revolución norteamericana (1775-1783) y en la guerra contra Inglaterra de 1812. Muchos de ellos perdieron su independencia, y algunos fueron completamente exterminados por el implacable asentamiento de los norteamericanos blancos.

Las tribus, como la micmac, de Nueva Escocia, explotaban los recursos de pesca en sus lagos y ríos, con ayuda de anzuelos, garfios, cañas, lazos, nasas y arpones. Les gustaba pescar de noche, utilizando antorchas de corteza de abedul. Atraídos por la luz, los peces acudían a la superficie y entonces les arponeaban desde las canoas de corteza de abedul.

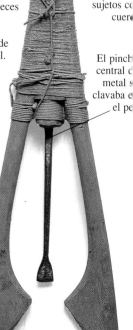

El mango (madera de u arpón micm llevaba tr pinch sujetos cc cuer

El pinch central c metal s clavaba e el pe

Los pinchos laterales de madera evitaban que el pez se soltase

En 1675, enfadado y temeroso ante el incremento del poderío europeo, el «Rey Felipe» (o Metacomet), jefe de los wampanoag, atacó los asentamientos de Nueva Inglaterra. Finalmente, el levantamiento fue aplastado; pero si el Rey Felipe hubiera establecido alianzas efectivas con otras tribus, las colonias inglesas hubieran quedado destruidas.

La cuerda sujetaba una cuchilla de metal al mango de madera, procurando una sólida empuñadura cuando la manejaba el cortador

La corteza de abedul se utilizaba para construir canoas, levantar chozas (wigwams) y hacer papel. Las hojas de corteza se cortaban con cuchillas (como ésta de los penobscot), perforando agujeros a ambos lados con un punzón; las hojas se cosían con raíces de abeto, para confeccionar vasijas de almacenamiento o para cocinar. Los diseños de dos tonos se obtenían rascando una capa oscura del interior de la corteza, que dejaba ver la superficie de color más claro.

Vista desde arriba (derecha) y lateral (abajo) del modelo de canoa de los malecita

Las canoas de proa y popa bajas procuraban mayor estabilidad en aguas tranquilas; las canoas de proa y popa altas brindaban protección contra las olas en aguas agitadas

La veta natural de la corteza, al correr en sentido longitudinal, permitía coser más fácilmente las hojas unas con otras

Paleta de 1,5 m de largo

Canoa de más de 7,5 m de longitud

ranja decorativa
e flecos en el
ombro

Estas flores y hojas
de abalorios indican
influencia
europea

Antes del contacto con los europeos, la vestimenta
de las tribus del Noreste se confeccionaba de piel
vuelta, adornada a veces con símbolos pintados o
con púas de puercoespín teñidas. Los europeos
aportaron nuevos materiales y adornos, como los
paños tejidos, los abalorios y las chaquetas y calzas
a la medida. Los pueblos del Noreste adoptaron
muchas de esas innovaciones. Sus pobladores
llevaban por lo general una chaqueta de piel con
adornos pintados. Esta chaqueta de piel de borrego
vuelta muestra influencias europeas: un corte
ajustado al cuerpo, mangas pegadas y unos
complicados bordados de abalorios.

Maza de
piedra
incrustada
en el mango
de madera

Aunque los pobladores de
los bosques eran prácticos
en la caza, la consideraban
un tanto azarosa. Buscaban
la ayuda del mundo de los
espíritus, mediante hechizos
y rituales, para entrar en
contacto con los espíritus de
los animales muertos. El
arma principal para la caza
era el arco; pero una flecha
podía no ser mortal, y por
ello se echaba mano de una
maza de piedra (como ésta
de la tribu penobscot) para
rematar a un ciervo herido.

Tirantes hechos
de tablas de
madera de cedro
blanco

Los penobscot, igual que todos los
habitantes de los bosques del Noreste,
llevaban mocasines de piel de ciervo,
generalmente adornados. La influencia
europea se nota en el uso de los
copiosos adornos de abalorios y en la
adopción de diseños florales, los cuales
fueron copiados de los nuevos
pobladores europeos y muy pronto se
difundieron en el atuendo de la región.
Hombres y mujeres llevaban el mismo estilo
de mocasines.

Las mejores canoas
se hacían de corteza de abedul blanco, que sólo crece
n Canadá y el Noreste de los EE UU. El bastidor era de
cedro blanco, cortado en tablillas con martillos y cuñas,
y luego se recubría de grandes hojas de corteza atada
con raíces, y se impermeabilizaba con resina de abeto
negro. Ligeras para el gobierno, podían cargar un peso
de 1.800 kg. Su diseño tuvo éxito, y fueron rápidamente
adoptadas por los exploradores y los mercaderes de
pieles europeos ya en el siglo XVII.

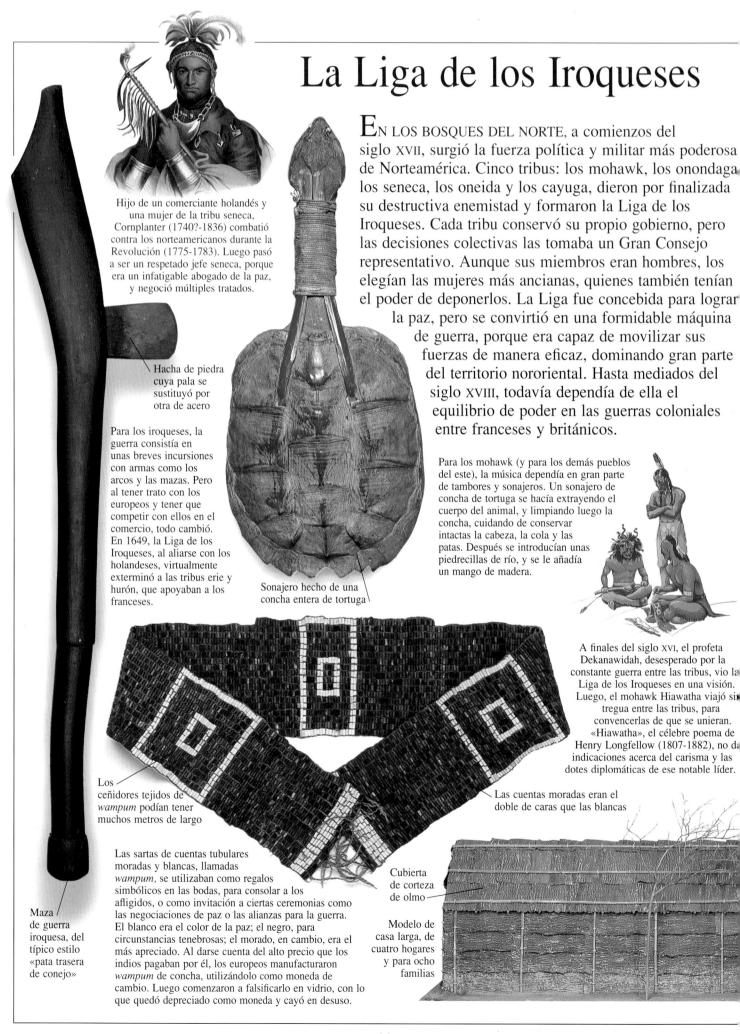

La Liga de los Iroqueses

Hijo de un comerciante holandés y una mujer de la tribu seneca, Cornplanter (1740?-1836) combatió contra los norteamericanos durante la Revolución (1775-1783). Luego pasó a ser un respetado jefe seneca, porque era un infatigable abogado de la paz, y negoció múltiples tratados.

Hacha de piedra cuya pala se sustituyó por otra de acero

Para los iroqueses, la guerra consistía en unas breves incursiones con armas como los arcos y las mazas. Pero al tener trato con los europeos y tener que competir con ellos en el comercio, todo cambió. En 1649, la Liga de los Iroqueses, al aliarse con los holandeses, virtualmente exterminó a las tribus erie y hurón, que apoyaban a los franceses.

EN LOS BOSQUES DEL NORTE, a comienzos del siglo XVII, surgió la fuerza política y militar más poderosa de Norteamérica. Cinco tribus: los mohawk, los onondaga, los seneca, los oneida y los cayuga, dieron por finalizada su destructiva enemistad y formaron la Liga de los Iroqueses. Cada tribu conservó su propio gobierno, pero las decisiones colectivas las tomaba un Gran Consejo representativo. Aunque sus miembros eran hombres, los elegían las mujeres más ancianas, quienes también tenían el poder de deponerlos. La Liga fue concebida para lograr la paz, pero se convirtió en una formidable máquina de guerra, porque era capaz de movilizar sus fuerzas de manera eficaz, dominando gran parte del territorio nororiental. Hasta mediados del siglo XVIII, todavía dependía de ella el equilibrio de poder en las guerras coloniales entre franceses y británicos.

Para los mohawk (y para los demás pueblos del este), la música dependía en gran parte de tambores y sonajeros. Un sonajero de concha de tortuga se hacía extrayendo el cuerpo del animal, y limpiando luego la concha, cuidando de conservar intactas la cabeza, la cola y las patas. Después se introducían unas piedrecillas de río, y se le añadía un mango de madera.

Sonajero hecho de una concha entera de tortuga

A finales del siglo XVI, el profeta Dekanawidah, desesperado por la constante guerra entre las tribus, vio la Liga de los Iroqueses en una visión. Luego, el mohawk Hiawatha viajó sin tregua entre las tribus, para convencerlas de que se unieran. «Hiawatha», el célebre poema de Henry Longfellow (1807-1882), no da indicaciones acerca del carisma y las dotes diplomáticas de ese notable líder.

Los ceñidores tejidos de *wampum* podían tener muchos metros de largo

Las cuentas moradas eran el doble de caras que las blancas

Las sartas de cuentas tubulares moradas y blancas, llamadas *wampum,* se utilizaban como regalos simbólicos en las bodas, para consolar a los afligidos, o como invitación a ciertas ceremonias como las negociaciones de paz o las alianzas para la guerra. El blanco era el color de la paz; el negro, para circunstancias tenebrosas; el morado, en cambio, era el más apreciado. Al darse cuenta del alto precio que los indios pagaban por él, los europeos manufacturaron *wampum* de concha, utilizándolo como moneda de cambio. Luego comenzaron a falsificarlo en vidrio, con lo que quedó depreciado como moneda y cayó en desuso.

Cubierta de corteza de olmo

Modelo de casa larga, de cuatro hogares y para ocho familias

Maza de guerra iroquesa, del típico estilo «pata trasera de conejo»

La Sociedad de los Falsos Rostros era una sociedad de curanderos que utilizaban los poderes derivados, según ellos, del mundo de los espíritus para curar achaques que afectaban sobre todo a la cabeza, los hombros y las extremidades (entre ellos, el dolor de cabeza). Las ceremonias, ejecutadas a petición del paciente en la casa larga, eran breves debido al gran poder de los Falsos Rostros. Un paciente curado estaba obligado a formar parte de la Sociedad, con el fin de ayudar a los demás. En primavera y en otoño, los Falsos Rostros visitaban uno por uno los hogares de los iroqueses, para purificarlos espiritualmente y exorcizar la enfermedad.

Ojo de metal

Las máscaras se tallaban en un tronco de tilo americano vivo; cuando ya estaba casi acabada, la escultura se arrancaba, se vaciaba el rostro, y se le pintaban los rasgos

Los rasgos de una máscara variaban en gran medida, dependiendo de si el rostro se había representado durmiendo: la boca podía estar sonriente (arriba) o torcida (izquierda)

Falso Rostro cayuga

as mazorcas e maíz se olgaban para a secado de s vigas del jado

Todas las familias de una casa larga eran parientes por la vía materna

Falso Rostro seneca

Para adornar los Falsos Rostros se utilizaban largas melenas de crin de caballo

Los iroqueses vivían en casas largas, de más de 7,5 m de ancho por 45 m de largo, construidas con un entramado de troncos y palos de madera cubiertos de corteza de olmo. Los compartimientos con catres para dormir aislados del suelo se alineaban a ambos lados. En el pasadizo central se espaciaban los hogares para cocinar. En el suelo de los puntos estratégicos del poblado se cavaban hoyos para conservar el maíz (silos).

Las tres hermanas

E L MAÍZ SIGNIFICABA LA VIDA para las tribus que habitaban los bosques del este. Al procurar la fécula que daba energía, podía suministrar el 75 por ciento de las necesidades alimenticias. Se daban muchas variedades (los iroqueses cultivaban quince), y ninguna de ellas requería mucho trabajo. Una vez sembrada, la planta no necesitaba, hasta su cosecha, más cuidado que el de ahuyentar a los pájaros. En el mismo campo se solían sembrar alubias, que trepaban enrollándose en los tallos de las plantas de maíz, y también calabazas, que impedían que se desarrollasen las malas hierbas y mantenían la humedad. Los iroqueses creían que esas plantas tenían espíritus propios, y las llamaban «las tres hermanas». Secados y almacenados, el maíz, las alubias y las calabazas aseguraban las necesidades alimenticias, con lo que se podía dedicar más tiempo a la caza, el comercio, la guerra y las ceremonias.

La calabaza, que madura en otoño, era una planta valiosa. Los colonos ingleses aprendieron su empleo de los indígenas norteamericanos, e inventaron el pastel de cabello de ángel, tradicional el Día de Acción de Gracias.

Cuenco iroqués de madera, con alubias secas

Dependiendo del entorno y de los azares de la historia, las variedades de judías que se han cultivado son muchas. Pero todas tienen las mismas cualidades destacables. Son una fuente extraordinaria de alimento, debido a la gran cantidad de proteínas y vitaminas que procuran (en particular, la vitamina B, esencial para convertir el almidón en energía). Igualmente importante es que pueden secarse para almacenarlas durante largos períodos (hasta años) sin que se estropeen.

Bandeja ojibwa de corteza con tiras de calabazas sauk y fox entremezcladas

Pilón de mortero seneca, de madera

Mortero mohawk hecho de un tronco de árbol vaciado

Las muchas variedades de calabazas y calabacines crecen durante el verano, cuando se pueden comer frescas, siendo una importante fuente de vitamina C, esencial para la salud en general. También pueden cortarse en tiras o anillos que se ponen a secar al sol, o colgarlos en la vivienda para que se sequen, y luego almacenarlos con las judías y el maíz. De la calabaza se saca un dulce, el calabazate, y de una variedad, el cabello de ángel.

Las mujeres y niños iroqueses deshojaban las panochas del maíz, y luego las desgranaban con ayuda de quijadas de ciervo. Después hervían el grano con lejía (hecha de cenizas cocidas) para suavizar las pieles. Luego lavaban la lejía y escurrían el grano en unas cestas especiales. El grano se molía en un mortero, machacándolo laboriosamente con un pilón de madera (izquierda), y se obtenía la harina.

Cesta iroquesa cosecha, c mazor de m oneida se

Una parte de la cosecha de maíz se conservaba para los largos meses de invierno. Las mazorcas se colgaban en las vigas de la casa larga para que se secasen, o bien se metían en arcones o en cestas en los silos (graneros bajo tierra). El maíz seco se consumía en forma de gachas (polenta); ligeramente tostado (las palomitas), o molido con azúcar de arce, con miel o con manteca.

La más solemne de las ceremonias iroquesas tenía lugar a mediados del invierno, hacia primeros de febrero. Unos mensajeros recorrían las casas largas para remover las cenizas de los hogares, simbolizando de ese modo el comienzo del año nuevo. Al término de esa ceremonia, que duraba cuatro días, las sociedades secretas llevaban a cabo danzas rituales. Una de ellas era la Sociedad del Rostro de Cáscara, cuyos miembros creían estar ligados a los espíritus particularmente conectados con la agricultura y la ganadería. Llevaban máscaras sagradas hechas de hojas de panocha de maíz desflecadas y trenzadas, y danzaban con el fin de convencer al mundo de los espíritus de que procurase una buena cosecha y el nacimiento de muchos niños.

Huecos para ojos y boca

Criba cherokee para cerner la harina de maíz

Los flecos sueltos de las hojas de maíz representaban el pelo

La contribución de los hombres cherokees a la recolección consistía en clarear la tierra. Tronchaban troncos de árbol haciendo una hendidura alrededor de la corteza (el tronco restante se quemaba luego). Después, las mujeres cavaban la tierra y hacían montículos y surcos en los que sembraban el maíz. Por lo general se sembraban dos cosechas: la de verano, para el consumo diario, y una segunda de otoño, que se ponía a secar y se almacenaba para el invierno. Después de deshojarlo, lavarlo y desgranarlo, el maíz se molía para obtener harina. Luego, se pasaba por una criba, como un cedazo moderno, para separar los fragmentos gruesos sin moler.

Rostro Hueco iroqués hecho de hojas de panocha de maíz desflecadas, trenzadas y cosidas para formar una cara

Cilindro de piedra para machacar

Mortero cuadrado de piedra

Bandeja iroquesa de madera

Después de deshojar, desgranar, lavar y secar el grano, las mujeres iroquesas tenían un largo y pesado trabajo para molerlo y sacar harina. Además de los morteros y pilones de madera (extremo izquierda), el grano seco podía molerse entre dos piedras, y una bandeja servía para recoger la harina.

En 1564, el explorador francés Le Moyne tomó apuntes de indios de la tribu timicua en Florida. Sus figuras de hombres y mujeres sembrando y plantando parecen de campesinos franceses, más que indígenas de Norteamérica. Los timicua utilizaban azadones con cabeza de hueso (no picos con cabeza de hierro), y las mujeres sembraban semillas en hoyos, no a voleo.

La franja litoral del Atlántico medio

A LO LARGO DE LA FRANJA LITORAL del Atlántico medio se extendían unas llanuras cubiertas de bosques y unos valles lozanos. Sus habitantes cultivaban el maíz, cazaban en los bosques y vivían en aldeas formadas por viviendas con cubiertas en forma de bóveda o de cúpula, techadas de cortezas, y rodeadas de una empalizada. Sus jefes (los *sachems*) gobernaban mediante consenso. En 1585, John White, que formó brevemente parte de la colonia inglesa de Roanoke (Carolina del Norte) antes de su misteriosa desaparición, plasmó en cuadros a la tribu de los secotán. Esos apuntes se publicaron posteriormente como grabados, y originaron el estereotipo que los europeos tuvieron de los «indios» durante los dos siglos siguientes. Cuando los ingleses establecieron la colonia de Virginia, se enfrentaron con la sólida alianza de los powhatan, que a punto estuvo de aniquilarlos. Más poderosos que los powhatan eran los delaware, confederación cuya influencia en el siglo XVII se extendía muy lejos por el norte y el oeste, aunque su poder se vio luego quebrantado por la Liga de los Iroqueses.

Efigie delawa de una muj de talla aper esbozada mad

L copiosos rebuscad adorn (cruces hebillas plat muestran fuer influenc europ

John White (págs. 8-9) pintó esta vista general de una aldea secotán en 1585. En ella vemos casas alargadas hechas de troncos jóvenes doblados, cubiertas de cortezas y esteras tejidas, y rodeadas de una empalizada defensiva (un círculo de postes hincados en la tierra). Las casas, con catres aislados del suelo para dormir, se parecen a las de los iroqueses del norte. El edificio coronado por una cúpula es un templo. Los secotán desaparecieron, sin que se sepa cómo, del territorio de Carolina del Norte, y les sucedieron otras tribus.

Al disponer de abundante madera, las tribus del este la emplearon para confeccionar cuencos, cucharas y cazos. La talla de madera era tarea de hombres. Para hacer recipientes huecos, como este cuenco de la izquierda, primero se carbonizaba parte de la madera, y se rascaba la parte quemada con una piedra afilada (después, con una cuchilla de hierro). Elaborados con madera nudosa de olmo y arce, esos objetos no sólo eran útiles, sino la expresión de un arte de los bosques.

Los delaware creían en la presencia universal del Gran Espíritu y, asimismo en un mundo lleno de espíritus menores que conformaban individualmente sus vidas, sus fortunas y su salud. Consideraban que las oraciones, ofrenda y ceremonias servían para ayudar a esos espíritus. Esta figura de madera es un espíritu femenino guardián de la salud. En otoño, los delaware honraban a ese espíritu con una fiesta, ofrendas y el sacrificio de un ciervo.

Cuenco y cucharón delaware para servir, de talla sencilla de madera, con asas caladas

Paleta de talla complicada, con una estrella calada

Cómodo colgadero rematado por una corona

Mango muy adornado, con tallas de una tortuga, un caballo y una herradura

Paleta delaware de madera, para remover la comida

Extremo lastrado con piedras, para hundir la nasa en el lecho del río

Polainas delaware
hechas de paño

Gran parte de los vestidos se
hacían de pieles de animales,
principalmente de gamuza. Los
hombres, que desde sus años
mozos aprendían a enfrentarse
con la lluvia y el tiempo adverso,
en los meses de calor llevaban
solamente un taparrabos (prenda
que tapaba por delante y por
detrás el bajo vientre, y se
sujetaba con un cinturón), unos
mocasines y polainas de ante.
Las mujeres llevaban una saya de
la cintura a las rodillas, encima
de unas polainas hasta las
rodillas. En invierno, hombres y
mujeres se ponían además un
manto de pieles. El contacto con
los europeos les procuró la ropa
de paño (izquierda), a veces
sustituida por la de piel, y nuevos
diseños de la vestimenta, más
pegada al cuerpo, como las
chaquetas y las calzas.

En 1607, el capitán John Smith (1580-1631),
de la colonia inglesa de Virginia, fue
capturado por el jefe de los powhatan. Salvó la
vida por las súplicas de la hija del jefe,
Pocahontas (1595-1617). Raptada por los
ingleses, conoció a John Rolfe (1585-1622) y
luego se casó con él. Esa boda trajo la paz
entre los ingleses y los powhatan hasta la
muerte del jefe indio, en 1618.

Adornos de pezuñas
de ciervo que hacían de
cascabeles, y ribeteado
de galón de seda

Sólido
agarradero
para manejar
fácilmente el
engorroso
artefacto

La pesca era un importante complemento alimenticio de
la caza para los habitantes de los bosques del este,
porque además se podía realizar todo el año. Las
capturas se hacían con arpones, con flechas disparadas
por arcos, o con caña y anzuelo. Cuando algunas
especies remontaban el río para desovar, se
las podía capturar con redes,
represas o nasas
(abajo).

Bastidor de tiras de madera
tejidas de manera
holgada

Los peces podían entrar
por la abertura, pero
una vez dentro
no podían
salir

Nasa de pesca
powhatan

Desplazados en el
siglo XVII de su territorio en
Pensilvania y Nueva Jersey por la colonización,
hacia 1830 muchos delaware se asentaron en el Territorio
Indio (Oklahoma). Entre las mujeres persistieron los trajes
tradicionales, como muestra esta fotografía de una madre y su
hija de comienzos del siglo XX. Nellie Longhat (extremo
derecha) y su madre llevan vestidos de algodón, sendas toquillas
adornadas con broches de plata, mocasines bordados con
abalorios, y collares de cuentas de múltiples vueltas.

El valle del río Ohio

LAS FÉRTILES TIERRAS DEL GRAN VALLE excavado por el río Ohio y sus muchos afluentes ofrecieron un rico entorno a dos importantes culturas prehistóricas, la adena y posteriormente la hopewell, que conjuntamente se difundieron durante 1.500 años hasta el 500 d. de C. Los hopewell se desplegaron desde los Grandes Lagos del este hasta el Golfo de México y al oeste del Mississippi. Crearon grandes obras de tierra; casi todo lo que conocemos sobre ellos procede de la excavación de esos montículos funerales. Fueron notables artistas y artesanos, que importaron materiales exóticos mediante una amplia red comercial. Los hopewell decayeron tan rápidamente como habían ascendido, y otras tribus de costumbres más sencillas, cazadoras y agricultoras, ocuparon su sitio. En el siglo XVIII, Francia y Gran Bretaña se enfrentaron para apoderarse del valle del Ohio, clave para el dominio de Norteamérica. A partir de la década de 1790, el implacable asentamiento de los americanos blancos motivó un efímero movimiento intertribal de resistencia, encabezado por Tecumseh, estadista shawnee.

Bolsa de la compra shawnee, de tela, adornada con pespuntes y ribeteada de cinta

Madre amamantando a un niño

Este peinado con moño era típico de los hopewell

Los hopewell enterraban a sus muertos rodeados de sus riquezas: adornos, joyas, útiles valiosos de piedra y objetos de cerámica. Algunas de ellas se confeccionaban específicamente como objetos tumbales, como estas figurillas de barro (arriba). Estos objetos nos aportan el único conocimiento que tenemos acerca del aspecto, vestimenta y ornamentos del pueblo hopewell, aunque probablemente sólo algunos de sus miembros eran lo suficientemente ricos como para poseer montículos funerarios.

La saya arrollada al cuerpo era la vestimenta usual de las mujeres hopewell, estilo que perduró hasta el siglo XVIII

Los shawnee representaban una vigorosa fuerza en el valle del Ohio a finales del siglo XVII, y trataron de formar una barrera contra la expansión norteamericana. Pero fueron derrotados por el general «Loco Anthony» Wayne en 1794 y, en 1831, vendieron lo que les quedaba de sus tierras y se marcharon a Oklahoma.

El tabaco se cargaba en la cazoleta de la espalda del pájaro

Estilo poco común en el que la figura del pájaro no «mira» al fumador

Las tallas de piedra de los hopewell mostraban el mismo dominio artístico que las demás labores. Muy llamativas eran las pipas de piedra, talladas en forma de animales, como ésta de un cuervo (arriba). Muchas, llamadas pipas de plataforma, tenían una base en la que la figura tallada tenía una cazoleta para el tabaco. El fumador extraía el humo a través de un conducto perforado en la base.

Pipa de piedra maciza hallada en el oeste de Tennessee

El humo se obtenía a través del conducto practicado en el cuerpo del ave

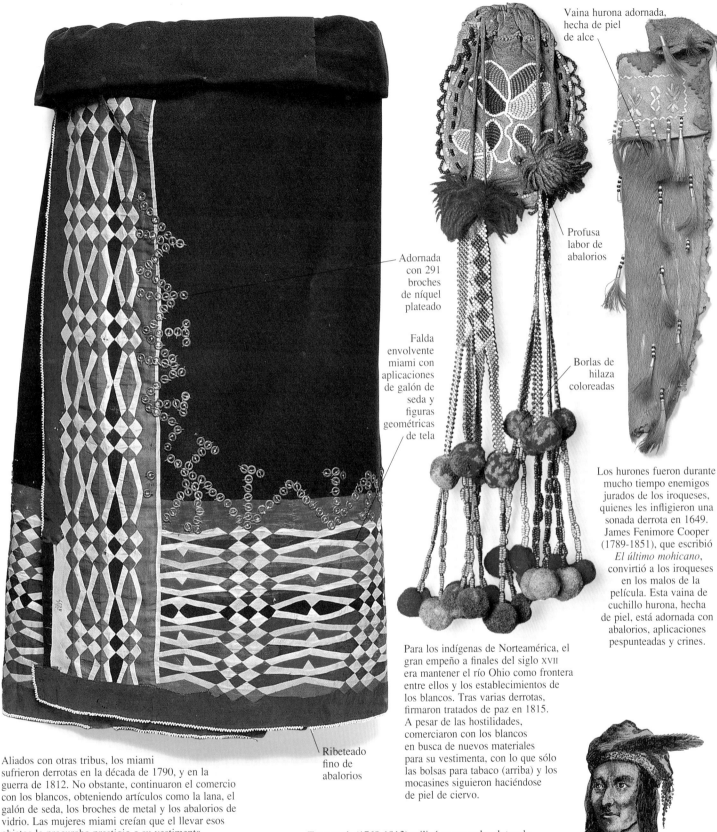

Adornada con 291 broches de níquel plateado

Falda envolvente miami con aplicaciones de galón de seda y figuras geométricas de tela

Ribeteado fino de abalorios

Profusa labor de abalorios

Vaina hurona adornada, hecha de piel de alce

Borlas de hilaza coloreadas

Los hurones fueron durante mucho tiempo enemigos jurados de los iroqueses, quienes les infligieron una sonada derrota en 1649. James Fenimore Cooper (1789-1851), que escribió *El último mohicano*, convirtió a los iroqueses en los malos de la película. Esta vaina de cuchillo hurona, hecha de piel, está adornada con abalorios, aplicaciones pespunteadas y crines.

Aliados con otras tribus, los miami sufrieron derrotas en la década de 1790, y en la guerra de 1812. No obstante, continuaron el comercio con los blancos, obteniendo artículos como la lana, el galón de seda, los broches de metal y los abalorios de vidrio. Las mujeres miami creían que el llevar esos objetos le procuraba prestigio a su vestimenta, además de fomentar las técnicas para conseguir efectos llamativos, como las ingeniosas aplicaciones de los galones y los broches de esta falda de lana de comienzos de la década de 1800.

Para los indígenas de Norteamérica, el gran empeño a finales del siglo XVII era mantener el río Ohio como frontera entre ellos y los establecimientos de los blancos. Tras varias derrotas, firmaron tratados de paz en 1815. A pesar de las hostilidades, comerciaron con los blancos en busca de nuevos materiales para su vestimenta, con lo que sólo las bolsas para tabaco (arriba) y los mocasines siguieron haciéndose de piel de ciervo.

Tecumseh (1768-1813) utilizó sus grandes dotes de político para fraguar una alianza entre las tribus con el fin de oponerse al avance de los blancos en el medio Oeste. Junto con su hermano gemelo, el chamán Tenskwatawa (1768-1836), argumentó que la tierra sólo había de ser cedida con el consentimiento de las tribus. Pese a su confianza en la negociación pacífica, las fuerzas de los blancos aniquilaron a la liga en la batalla de Tippecanoe (Indiana). Amargado, Tecumseh se unió a los británicos (que le nombraron general) en la lucha contra los EE UU, en la cual pereció.

Los Grandes Lagos occidentales

TRES PUEBLOS DE LOS GRANDES LAGOS OCCIDENTALES (región al oeste de Michigan) sacaron ventaja de su acceso tanto a los bosques como a las praderas. En verano, las mujeres de tribus como la sauk y la fox plantaban maíz y calabazas, mientras que los hombres cazaban búfalos. Los menominee cosechaban grandes cantidades de arroz silvestre (su nombre viene de la denominación de esa planta por los chippewa). En invierno, los indígenas se convertían en cazadores seminómadas, utilizando viviendas portátiles de postes y esteras de junco según perseguían la caza. Las tribus comerciaban entre sí, pero también estaban en guerra constante. A comienzos del siglo XVII, una poderosa fuerza fue el Midewiwin, una sociedad secreta de chamanes dedicada a la curación y a fomentar una conducta correcta como garantía de buena salud.

El muñeco llevaba el nombre del marido, y la muñeca, el de la mujer

La poción de amor se colocaba en el pecho de esta muñeca menominee

Cada dos garras de oso pardo iban separadas por tres bolas azules ensartadas

Los chamanes utilizaban figuritas humanas como «medicina» para controlar el comportamiento de los demás. Los menominee usaban «muñecos de amor» (arriba) para lograr que marido y mujer se fueran mutuamente fieles, y ataban los muñecos cara a cara. Los potawatomi, en cambio, empleaban los muñecos para hacer hechizos, con el fin de que una persona se enamorase de otra.

El azúcar de arce era muy estimado, y se usaba no sólo con frutas y granos, sino también para sazonar carnes y pescados. La cosecha empezaba a finales de marzo: se hacían unas incisiones en los árboles, y se les insertaba un caño de madera de cedro para que el líquido escurriera a un cubo de corteza de abedul. Las familias enteras de menominee se movían por los bosques, donde cada una tenía su propio grupo de árboles y su *wigwam* (choza).

Espumadera de savia ojibwa

Artesa de madera ojbwa y cucharón menominee (extremo izquierda)

Para obtener azúcar de arce se hervía la savia; se introducían piedras calentadas al rojo en los recipientes de madera de abedul. Después de hervirlo y espumarlo, el jarabe obtenido se pasaba por un colador de fibra y se vertía en una artesa de madera. Cuando se enfriaba, se removía con una paleta hasta que formase grumos.

Buena parte del azúcar se almacenaba en recipientes de corteza de abedul para su utilización durante el año. Una parte se vertía en moldes, como esos conos ojibwa (derecha), igual que los europeos hacían sus panes cónicos de azúcar de caña.

Las garras de oso pardo eran
muy apreciadas, debido a la
dificultad de convencer a
sus temibles poseedores
originales de que se
desprendieran de sus más
valiosas armas... Solían
ser propiedad de un jefe
o un afamado cazador,
y por lo general
pasaban de una
generación a otra.

diferencia de su rival Halcón Negro (1767-1838),
e combatió en una guerra sin esperanzas en 1832
ontra los asentamientos de blancos, el jefe sauk
Keokuk (1780?-1848) se dio cuenta de que más
valía que su gente se marchase de Illinois. Se
stablecieron en lo que hoy conocemos como
va. Su realismo fue patente al evitar el triste
destino de los seguidores de Halcón Negro,
aniquilados en su guerra contra el
gobierno de EE UU.

Las personas que conseguían un poder
extraordinario del mundo de los espíritus,
se llamaban chamanes. Mediante una
visión, un espíritu enseñaba al chamán
el uso de muchos objetos
«medicinales» (huesos, raíces,
pieles), que se llevaban en una
«bolsa de medicina» (arriba).
Los chamanes empleaban su
poder para sanar
enfermedades, así
como para procurar
éxito en la guerra
y la caza.

Cuello
de piel
de nutria

Adorno de
plumas de
águila

Collar de la
tribu fox, de
garras de oso

Cazoleta de
metal para
introducir
el tabaco

Al tabaco se le atribuían poderes específicos, por lo que se
usaba en las ofrendas para agradar a los espíritus. Los
menominee también creían que el fumar incrementaba su
sabiduría. En las ceremonias importantes, las tribus fumaban el
calumet sagrado, que pasaba en círculo de boca en boca. Debido
a que en ocasiones significaba el término de un enfrentamiento,
al *calumet* se le suele llamar la pipa de la paz; pero también se
fumaba en las asambleas para proclamar la guerra.

Calumet
sagrado
menominee

El Sureste asentado

Rico EN FLORA Y FAUNA, con fértiles tierras y suave clima, el Sureste constituía un lugar ideal para establecerse. Hábiles constructores, artesanos y agricultores, con amplios conocimientos de medicina, los pueblos del Sureste crearon una floreciente civilización. Entre el 800 a. de C. y el 1500 d. de C., los Constructores del Montículo del Templo del Sureste fundaron grandes ciudades, tuvieron un extenso comercio y celebraron grandes ceremonias. Los dirigentes vivían con gran lujo, mientras que la gente común pasaba calamidades. Los montículos artificiales de la región, de cubierta plana, eran los lugares de reunión de esas desaparecidas gentes. La histórica tribu natchez, que también construyó montículos rematados por templos, logró sobrevivir entre los Constructores de Montículos. Los natchez entraron en contacto con los europeos a finales del siglo XVII y, acosados por los colonos para que les cedieran tierras, les hicieron frente. Tres guerras sucesivas con los franceses en el siglo XVIII aniquilaron su nación.

Mapa de Norteamérica para situar la región Sureste

La Gran Ceremonia del Maíz Verde («la Función») era el rito más importante del Sureste. Se celebraba cuando el maíz estaba madurando, servía para dar gracias por la cosecha, y marcaba el comienzo de un nuevo año. Consistía en purificaciones rituales, danzas en torno al fuego sagrado y una fiesta solemne.

Abanico yuchi de plumas, que llevaban los danzantes

Armazón de postes de madera

Tejado de bardas

Plataforma para dormir

El color del abanico reflejaba el color de la Función; los danzantes y los espectadores iban vestidos de blanco

Pared de barro

Maqueta de casa natchez

Sucesores de los Constructores del Montículo del Templo, los natchez asombraron a los exploradores franceses por su compleja sociedad jerárquica y sus complicadas ceremonias. Regida por un monarca todopoderoso, el Gran Sol, la sociedad natchez estaba dividida en soles (los hombres nobles y honorables) y los villanos (los apestosos). En la aldea principal había un templo en un montículo, dentro del cual se conservaba una llama eterna, y había casas como la de arriba.

La raqueta para jugar a *lacrosse* medía más de 1 m de largo

Las mujeres confeccionaban cerámica en el Sureste. La arcilla se limpiaba y se mezclaba, y luego se hacían con ella rollos que se iban colocando encima de un disco pequeño, también de arcilla. Se utilizaba una concha húmeda para suavizar la arcilla, adelgazar las paredes y dar forma a la vasija. Antes de someterla a la cocción, la vasija se pulía con un canto rodado suave, y se le hacían los dibujos con una madera afilada.

Decoración finamente grabada

Vasija catawba, con dos asas y tres patas, basada en antiguas técnicas

Los adeptos del Montículo del Templo solían llevar de adorno placas de concha con incisiones. Esta «medalla» lleva la efigie de un dios narigudo; está perforada arriba para colgar del cuello, y descansaba en el pecho. Por desgracia, como ese pueblo no tenía escritura, nuestro conocimiento de sus creencias es fragmentario.

Agujero para pasar un cordón y llevar la «medalla» colgando del cuello

Pelota yuchi cubierta de piel y cosida con nervio, para el juego de *lacrosse*

Rejilla más suelta, hecha de tirillas de piel

Disco para el *chunkey,* perfectamente redondeado y rebordeado, hecho de piedra muy pulimentada

Rejilla más tupida, de estilo más complicado

Un deporte popular entre los Constructores del Templo era el *chunkey.* Un jugador echaba a rodar cuesta abajo, en un terreno de unos 30 metros, un disco de piedra pulimentada. Luego, él y su adversario arrojaban sendas lanzas de madera para señalar dónde creían que iba a caer el disco. Ese juego se practicaba todavía en el Sureste cuando llegaron los europeos.

Cada raqueta estaba hecha de una única pieza de madera curvada

Aunque era conocido por muchos pueblos indígenas de Norteamérica, este juego de pelota con raqueta, que los franceses bautizaron como *lacrosse,* se jugaba con fanático entusiasmo en el Sureste. Los equipos se componían de 100 jugadores cada uno, y a veces muchos más. Cada jugador llevaba dos raquetas con rejilla, para capturar y lanzar la pelota, hecha de madera o de nervio enrollado forrado de piel de ciervo, y que había que introducir entre los dos palos de la portería del adversario.

Los dos extremos se sujetaban con finas tirillas de cuero

Cada jugador podía llevar dos raquetas de *lacrosse*

Dibujos específicos pintados en cara y cuerpo

Franja de crin alrededor del cuello

Cinturón bordado

El artista norteamericano George Catlin (1796-1872) realizó en 1834 varios apuntes del juego de *lacrosse* tomados del natural. Este retrato muestra a Ansioso de Pelota, sobresaliente jugador choctaw de *lacrosse,* adornado con su mejor atuendo de juego (derecha). Como preparación al partido, tenía que beber la medicina sagrada y realizar danzas rituales. Las mujeres de su aldea, acompañadas del curandero, invocaban la ayuda del mundo de los espíritus para su equipo, mediante danzas y cánticos.

Raqueta yuchi de *lacrosse*

Cola de caballo larga y rígida

Apunte de George Catlin de un partido de *lacrosse* entre miembros de la tribu choctaw

El *lacrosse,* según se jugaba en el Sureste, era tan violento que los indios le llamaban «el hermano pequeño de la guerra». Las lesiones graves eran habituales, y a veces perecía algún jugador. Los partidos de desafío entre aldeas o tribus atraían a veces a un millar de hinchas rivales. Los espectadores cruzaban apuestas sobre el resultado.

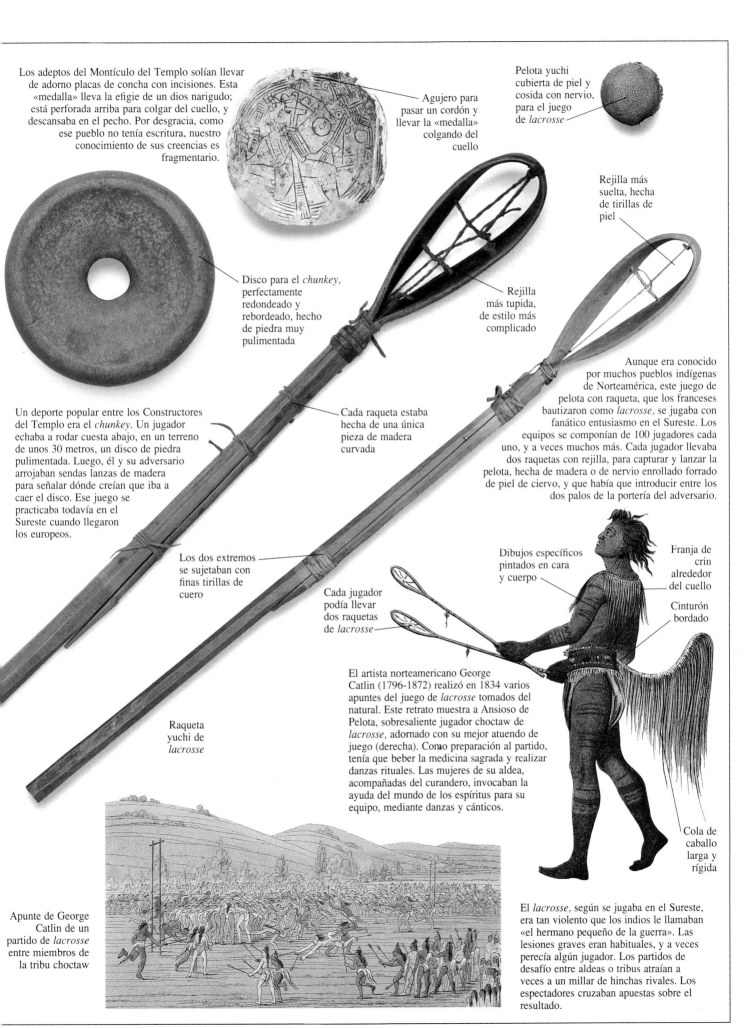

Las «Cinco Tribus Civilizadas»

En el lozano Sureste se desarrolló una notable civilización a finales del siglo XVI. Las tribus vivían en aldeas planificadas; eran tan hábiles agricultores y ganaderos como cazadores, y poseían una sabiduría médica un tanto adelantada. Trescientos años después, habían adoptado los métodos agrícolas estadounidenses, pusieron por escrito sus leyes, y muchos de ellos se habían convertido al cristianismo. Todo eso les llevaba a no tener diferencias con los blancos, que estaban decididos a apoderarse de sus tierras tribales. En la década de 1830, primero los choctaw y luego los cherokee, los creek, los chickasaw y finalmente los seminola (llamados las « Cinco Tribus Civilizadas») fueron obligados a trasladarse a Oklahoma, pereciendo muchos de ellos en el camino.

En estas muñecas seminola vemos que las mujeres, hasta comienzos del siglo XX, se hacían un peinado hueco hacia atrás con ayuda de un bastidor postizo, y que llevaban faldas y manteletas de paño de algodón con aplicaciones de tiras y figuras geométricas de colores haciendo contraste. Al pasar a jovencita, a una niña se le regalaba un collar de cuentas, y a lo largo de su vida se le iban añadiendo otros, que casi le llegaban a las orejas, y pesaban varios kilos.

Primorosa labor de abalorios propia de un jefe

Antes del contacto con los europeos, una ceremonia cherokee muy importante era la Danza del Águila, realizada como parte de los ritos de celebración tanto de la guerra como de la paz. Los danzantes llevaban plumas de águila en la cabeza, y ondeaban varitas con abanicos, también de plumas de águila, al son de la música de tambores y sonajeros.

Plumas más pequeñas fijadas con nervios a ambos extremos del mango de madera

El asentamiento originario de los choctaw era en Mississippi y en Louisiana, hasta que la mayoría de ellos fue expulsada por el gobierno de EE UU a una reserva en el Territorio Indio, que luego fue llamado Oklahoma (nombre choctaw de «gente roja»). El ceñidor contiguo lo llevó el día de su boda, en 1871, el jefe de los choctaw que negoció quedarse en Louisiana.

Plumas de adorno de la varita de la Danza del Águila cherokee

Pequeña entrada que conducía a la casa sin ventanas

En la cálida y húmeda Florida, y en la región pantanosa de Everglade, los seminola levantaban viviendas abiertas por los costados (chickees). Esas chozas de postes de palmito y con tejados de bardas se construían con los suelos aislados en plataformas, para evitar las riadas de las fuertes lluvias.

Muro de barro seco pulimentado sobre el sencillo marco de postes del entorno

Las ceremonias y los juegos iban acompañados de música de tambores y sonajeros. El tambor de agua se componía de una piel de ciervo estirada sobre un tronco ahuecado, para lograr resonancia, que contenía agua. Los sonajeros se hacían de varias materias, como conchas vacías de tortuga, cuernos de ganado o calabacillas.

Sonajero creek hecho de una calabacilla vacía, con granos de maíz o piedrecillas de río para obtener sonidos

tejado cónico se hacía n troncos dispuestos en rno a uno central, y escansando en la rcunferencia del uro de barro isonado que rvía de base

Los primitivos seminola (izquierda) eran sobre todo creeks de Georgia y Alabama, que huyeron en el siglo XVII hacia Florida (su nombre significa «fugitivos»), y allí se les unieron muchos esclavos fugados. Tuvieron dos guerras contra los EE UU. La segunda (1835-1842) comenzó con los esfuerzos del gobierno para desplazarlos hasta Oklahoma. Capitaneados por el gran Osceola (abajo), los seminola obligaron a las fuerzas de EE UU a una tregua. Aunque muchos se rindieron en 1841-1842 y fueron enviados al oeste, otros se quedaron invictos en los cenagales de Florida (Everglade). El tratado de paz no se firmó con ellos hasta 1934, poniendo término a una guerra casi tan larga como la europea de los Cien Años.

Retrato de Osceola, por George Catlin

Las viviendas de una aldea creek se distribuían cuidadosamente en casas abiertas de verano y cálidas chozas de invierno. Las asambleas de ancianos se reunían en una plaza rodeada de cobertizos para resguardarse del sol en verano, y en invierno, en una choza redonda de unos 7,5 m de alto. Esa casa del concilio se utilizaba también para ceremonias y festividades.

Enfadado por un acuerdo para desplazar a los seminola a Oklahoma en 1835, Osceola (1804-1838) mató a un jefe rival y pasó a encabezar a quienes estaban decididos a quedarse en su terruño de Florida. Pequeñas unidades de guerrilleros capitaneadas por Osceola hicieron frente a 10.000 soldados de EE UU, hasta que fue capturado mediante una deshonrosa emboscada tendida por éstos.

Tejado hecho de troncos tiernos, cubiertos de planchas de corteza que procuraban mayor protección contra las abundantes lluvias

Maqueta de casa conciliar creek en la que los ancianos celebraban sus asambleas

Hoguera central

Las Grandes Llanuras

Arco de madera reforzado con nervios encolados al dorso

Los guerreros de las Llanuras llevaban unas 20 flechas en su carcaj

Mapa de Norteamérica para situar la región de las Llanuras

Cuerda del arco hecha de nervio de búfalo retorcido

Un MAR DE HIERBA se extiende por más de 3.200 km de norte a sur, entre las Montañas Rocosas y el río Mississippi. En 1800, esa región albergaba a 150.000 personas y 60 millones de búfalos, compartiendo un territorio de unos 2'5 millones de km². Con lluvias dispersas en las Llanuras occidentales, las tribus dependían para su sustento de las grandes manadas de búfalos, mientras que las tribus de las Praderas del este, que disponían de lluvias más frecuentes, combinaban la agricultura y ganadería con la caza del mismo bovino. L migraciones de los búfalos dictaban el modo de vida par las 30 tribus de las Llanuras. El búfalo no era sólo una fuente primordial de carne, sino que sus pieles, pelo y cuernos se aprovechaban para las viviendas y para confeccionar vestiment herramientas y utensilios. Antes de que l españoles llevaran el caballo al sureste en el siglo XVI, las tribus nómadas de las Llanuras se desplazaban y cazaban a pie. De todos los indígenas de Norteamérica, los pueblos de las Llanuras fueron los mejores jinetes.

Hasta que las tribus de las Llanuras adquirieron fusiles de los europeos, los arcos y flechas eran su única arma eficaz de largo alcance. Hechos de madera dura resistente al alabeo, reforzada con tiras de nervios, los arcos disparaban flechas con puntas de sílex (sustituidas por las de hierro cuando los europeos introdujeron ese metal), y sólo eran de un metro de largo, para su cómodo manejo a caballo.

Tirante para colgarse el jinete de los hombros la funda del arco y el carcaj

L largas var de las angarill se empleaban tambi para hacer un ti

Antes de la llegada del caballo, los cazadores mataban a los búfalos azuzándoles para provocar una estampida y que cientos de ellos se despeñasen por un precipicio. O bien un cazador solitario disfrazado de lobo se montaba en un búfalo hasta tener a otro a tiro de flecha. Cuando hubo caballos, los cazadores se acercaban sigilosamente hasta que el rebaño echaba a correr, y daban caza a las reses rezagadas que les quedaban al alcance, como muestra de modo realista este detalle de un apunte de George Catlin.

Las tribus nómadas transportaban sus pertenencias con unas angarillas tiradas por un caballo. Un caballo podía llevar una carga de hasta 135 kg durante más de 20 km al día.

Carcaj y funda de arco dakota, adornada con abalorios; antes de tener abalorios, se adornaban con púas de puercoespín aplanadas y teñidas

Dos mujeres y un niño pies negros con unas angarillas llamadas *travois*

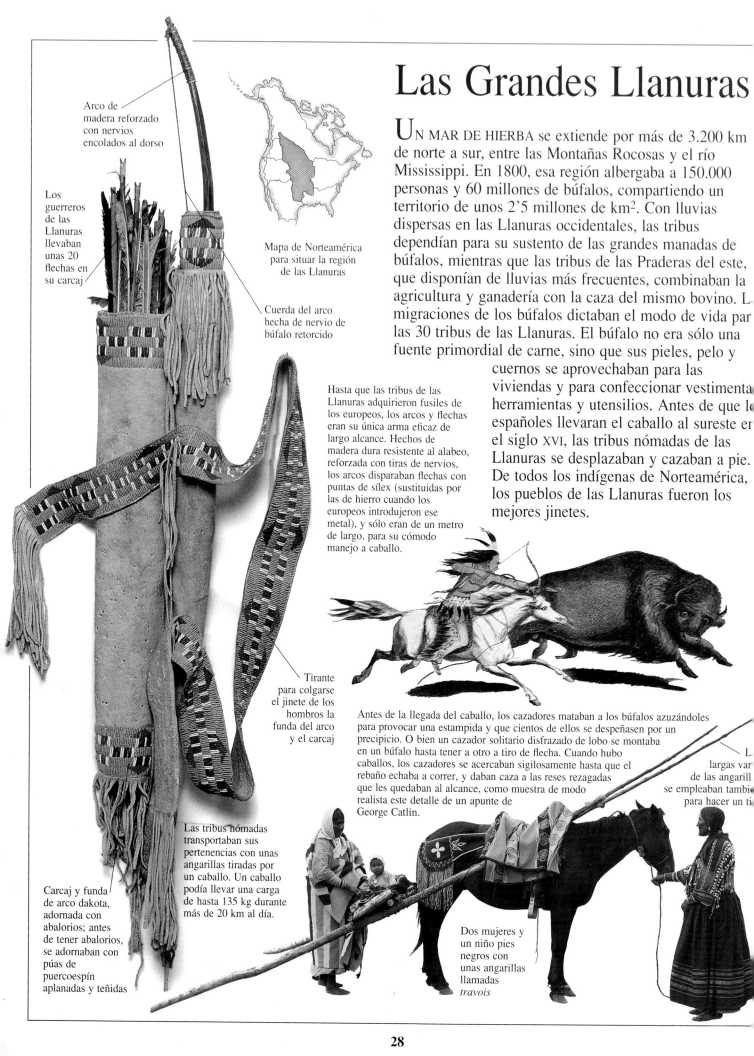

28

Los pobladores de las Llanuras tenían juegos para poner a prueba las cualidades importantes para su modo de vida, como la velocidad y la fuerza. El juego más popular entre las mujeres era el *shimmy*. Dos equipos, provistos de varas largas curvas o rectas, luchaban por introducir la pelota (abajo) entre los palos de la portería contraria. La pelota podía ser empujada o golpeada, pero no tocada con las manos. También jugaban los hombres, y a veces un equipo de hombres se enfrentaba con otro de mujeres.

La lengüeta de salida del humo se ajustaba para guardar el calor o para ventilar el tipi

Pelota de cuero arapahoe utilizada en el juego del *shimmy*

Para las tribus nómadas cazadoras, el tipi era una vivienda muy práctica, fresca en verano y cálida en invierno. Consistía en un cono formado por largas varas cubiertas de pieles de búfalo cosidas, y podía ser levantada por dos mujeres en una hora. De unos 5 m de diámetro, podía alojar cómodamente a una familia, con su equipo de dormir y sus enseres. Los tipis solían decorarse con motivos tradicionales pintados.

Los dibujos de un tipi podían consistir en seres míticos como una nutria

os varas ilizadas en n juego de nzamiento los cree las anuras

Más de 20 varas rectas atadas por la punta configuraban la forma cónica

Cada vara medía más de 7,5 m de largo

La cubierta estaba formada por entre 8 y 20 pieles de búfalo cosidas y extendidas sobre el bastidor de varas

Los pasadores de madera se quitaban cuando el tipi se plegaba para el viaje

La flecha con una pluma de águila simbolizaba el rayo

Un cinturón con una corneja entera representaba el espíritu del Pájaro Rayo

Las plumas representaban aves de presa disputándose los cadáveres en el campo de batalla

Los cascabeles representaban el sonido del trueno

Maqueta arapahoe de Danzante de las Hierbas

A finales del siglo XIX se difundió una nueva ceremonia, la Danza de las Hierbas, entre las tribus de las Llanuras. En su origen fue un ritual de los omaha para fomentar el valor en los hombres y sus proezas en la guerra, pero luego pasó a ser una danza social con cantos y trajes específicos. Para un pueblo amenazado con la destrucción de su modo de vida, la Danza de las Hierbas se convirtió en un símbolo de la solidaridad de los indígenas de Norteamérica, y sigue siéndolo.

Tipi plantado con la entrada dando cara al este, debido al predominio de vientos del oeste

Los dakota (siux)

Los señores de las Llanuras norteñas a mediados del siglo XIX eran los dakota. Llamados siux por los europeos (por el nombre que los chippewa daban a los «enemigos»), habían sido desplazados hacia el oeste en el siglo XVIII desde su terruño de los Grandes Lagos occidentales por los chippewa, mejor armados. Los dakota estaban constituidos por siete grupos independientes, y se extendían desde Minnesota hacia el oeste, hasta el tramo superior del río Missuri. Los dakota eran la mayor de las tribus de las Llanuras y, notables guerreros, aterrorizaron a sus enemigos indios y ofrecieron fiera resistencia a los blancos. Su vida dependía del búfalo, y el final de las grandes manadas acarreó el final de su independencia. No obstante, entre 1862 y 1877, resistieron vigorosamente ante el avance de los yanquis por sus tierras, y en 1876 infligieron al ejército norteamericano su más sonada derrota ante los indígenas, la del río Little Bighorn, cerca de Montana, al este.

A los niños dakota se les enseñaba u buena conducta y se les animaba a q tomasen ejemplo de los adultos. Se l trataba con mucho afecto, y rara vez los castigaba. A cambio, se esperab de ellos que adquiriesen destreza er sus tiernos años. Los muchachos practicaban el tiro con arcos y flech de mitad de tamaño; primero, con dianas, y luego, con caza menor, y empezaban a cazar en serio desde lo trece años. De las muchachas, se esperaba que ayudasen a sus madre en sus duras tareas a la intemperie

A los dakota les gustaba la labor de abalorios con figuras geométricas

Aunque las tribus de las Llanuras montaron mucho tiempo a pelo, una silla y unos estribos procuraban mayor estabilidad y gobierno. La silla dakota «de cojín» no tenía borrén para apoyo de la espalda del jinete, ni pomo por delante. Estaba hecha de dos piezas de cuero curtido, cosidas juntas y rellenas de crin de búfalo o de ciervo. Los estribos, que solían ser de madera, iban sujetos por tiras de cuero crudo.

Fuerte cincha de algodón

Faldilla central con flecos y sin adornos

Silla dakota de cuero

Estribo de madera, cubierto de cuero crudo de búfalo

Tira de cuero para sujetar los estribos a la silla

Detalle de una pictografía de la batalla del Little Bighorn, pintada en un cuero de búfalo (abajo)

La invasión por los buscadores de oro de las Colinas Negras en Dakota del Sur, sagradas para los indios y garantizadas por un tratado, llevó a la guerra en 1876. Una unidad del ejército de EE UU se enfrentó a considerables fuerzas dakotas y cheyennes, sin pararse a evaluar los efectivos del enemigo. El general George A. Custer (1839-1876) atacó impetuosamente el 25 de junio de 1876 con una guardia avanzada: perecieron él y 215 de sus hombres.

Los dakota no enterraban a sus muertos. Envolvían el cuerpo en pieles de búfalo y lo depositaban fuera del alcance de los animales salvajes en una plataforma apoyada en postes. De ella colgaban las armas de los guerreros y la bolsa de las medicinas; y si eran mujeres, los utensilios principales de su ajuar. Sus parientes se lamentaban junto al cuerpo.

Dibujo de
guerra poco
frecuente

Lanza con
labor de
abalorios,
piel de
búfalo, crin
de caballo y
plumas

Tocado
de plumas
de águila

Borlas de
crin de
caballo

Las púas
de puercoespín
eran aplanadas
y teñidas antes
de coserlas con
nervios en la
alforja de cuero

Antes de que los mercaderes llegaran con
los abalorios, las mujeres de las Llanuras se
enorgullecían de sus labores con púas de
puercoespín. Las alforjas se hacían por
parejas para colgar de los hombros con una
correa, o para almacenar víveres en un tipi.

La vestimenta ceremonial de un anciano dakota a
mediados del siglo XIX denotaba su nivel social. El
tocado de plumas caudales (de la cola) de águila (a
las que se atribuía poderes espirituales), era digno
de un acreditado guerrero. Su traje se completaba
con polainas con labor de abalorios y mocasines
con labor de púas de puercoespín. Cuando
fue elegido jefe de los dakota tetón, a Toro
Sentado le regalaron un atuendo como éste.

Primorosa cuna
portátil con
tachonado de
clavos y
herraduras, y labor
de abalorios y
cascabeles

Esta camisa de
estilo poncho,
hecha de piel de
cordero de las
montañas, lleva
penachos de
escalpos y labor de púas
de puercoespín, y está
pintada de azul y amarillo

Toro Sentado (1834?-
1890), apodo de Takanta
Yotanka, curandero que
fue elegido jefe principal
de los dakota tetón en
1868, demostró grandes
dotes de mando. En 1876,
junto con el jefe Caballo
Loco (1849?-1877), unió
a todos los dakota para
luchar contra el ejército de
EE UU, y logró derrotar
a las fuerzas de Custer.
Toro Sentado pereció
luego por negarse a
establecer una reserva.
Buffalo Bill Cody (1846-
1917) explotó su nombre
en el espectáculo del
salvaje oeste que montó.

Un bebé dakota, como todos, se pasaba la mayor parte del
tiempo en la cuna portátil (a modo de las mochilas de hoy),
con un bastidor de tablillas al que iba sujeta una funda
ceñida con cordones, y en la cual se introducía al niño con
sus ropitas y pañales. Esa mochila podía ir colgada con
tirantes de la espalda de su madre, o sujeta a una silla de
montar, o llevada en angarillas, o apoyada en una pared.
Una mochila adornada como ésta, solía confeccionarla
la hermana del padre del niño.

Los mandán y los hidatsa

Maqueta de una
barca de piel
de búfalo

LOS MANDÁN Y LOS HIDATSA SE ADAPTARON al
territorio del curso superior del Mississippi en Dakota
del Norte, y aprendieron a explotarlo; era una región de
fértiles valles fluviales y praderas abiertas, con veranos
cálidos e inviernos crudos. Construyeron aldeas permanentes de
barro apisonado en las altas riberas del río y cultivaban las tierras
bajas. La mitad de su sustento procedía de las cosechas, como, por
ejemplo, el maíz; y la otra mitad, de la caza del búfalo, vital en
verano. Para afrontar el frío invernal, levantaron sus casas a lo largo
del río, donde había leña abundante para el fuego. Los mandán y los
hidatsa fueron los agricultores típicos de las tribus de las praderas,
igual que los dakota lo fueron de las tribus de las altas llanuras.
Fueron bravos luchadores, cosa muy necesaria para defenderse de
las cuadrillas de merodeadores dakota.

Asentados junto a los ríos de la
llanuras, los mandán utilizaban
estas barcas circulares hechas d
una piel de búfalo tensada
alrededor de un bastidor de
sauce; eran muy ligeras, pero
suficientemente fuertes para
llevar cargas pesadas.
Apropiadas para aguas poco
profundas, solía manejarlas una
sola persona que, para avanzar,
se arrodillaba y hundía el remo
en vertical. A fin de evitar que
la barca girase, se dejaba, sujet
a una madera, el rabo del búfal
que hacía de estabilizador.

El cultivo de las tierras era
tarea de las mujeres, pero
los hombres ayudaban a
desbrozar los campos o a
recoger las cosechas. Una
mujer de las Llanuras,
junto con su parentela
femenina, podía cultivar
algo más de una hectárea
al año, cosechando maíz,
alubias, calabazas,
girasol y melones.
La siembra se hacía
en primavera, y la
recolección, en septiembre,
cuando se doblaban las
hojas de las mazorcas del
maíz para trenzarlas en
ristras que se colgaban
para secar; parte de la
cosecha se guardaba en
silos cavados en el suelo
de la vivienda.

En 1833, un príncipe alemá
Maximilian von Wied-Neuwie
recorrió el Oeste americar
estudiando las tribus. Pa
conservar testimonio gráfico de su
hallazgos, el príncipe se hiz
acompañar en su recorrido por
pintor suizo Karl Bodme
(1809-1893). Remontaron el r
Missuri y llegaron hasta las tribu
mandán e hidatsa. En este apun
de Bodmer (izquierda), vemos
interior de una vivienda mandán e
la que aparecen guerreros con la
armas al alcance de la mano, jun
con perros, gatos y caballos, a
media luz del hueco de la chimene

El hueco de la chimenea,
cubierto por un bastidor de
barca circular, dejaba pasar
la luz

Las chozas de barro apisonado eran de forma abovedada,
de más de 15 m de ancho; construidas sobre todo por
mujeres, servían de hogar a sus copiosas familias, además
de sus pertenencias, y los perros, gatos y caballos. Se
consideraba que un hogar era un sitio sagrado, y por ello
su construcción se acompañaba de diversas ceremonias.
Todas las actividades sociales
tenían lugar en torno a una
hoguera central.

Tejado de cabrios de madera,
cubierto con varillas de mimbre,
cepellones de hierba y una
capa de barro

La entrada era un pasillo
techado, cerrado
por dentro con
una piel

Un cuchillo esculpido en un tocado de plumas de cola de águila significaba un combate con un jefe cheyenne

El príncipe Maximilian creía que los mandán eran descendientes del príncipe galés Madoc, que al parecer viajó a América en 1770, leyenda que hace tiempo se demostró que era falsa. El invierno de 1833-1834, tan frío que se le helaron las pinturas, Karl Bodmer realizó varios retratos, como éste del jefe mandán Mato-Hope (Cuatro Osos). Mato-Hope ya debía de estar acostumbrado a posar, pues el año anterior le pintó el artista George Catlin (1796-1872).

Horca hecha de cuernos de alce sujetos a un mango de madera con nervios secos

Retrato de Cuatro Osos, el último gran jefe mandán, por Karl Bodmer

Mango de madera forrado de cuero

Maza hidatsa, hecha con una piedra redonda cubierta de piel de búfalo

La historia de los hidatsa fue relatada brillantemente por Buffalo Bird Woman (1839?-1920) y su hijo Edward Goodbird (1869-1938), que fueron fotografiados con Hijo de una Estrella (derecha) en 1906. Gran parte de su relato fue narrado a un antropólogo (persona que estudia las culturas) que colaboraba con el Museo Americano de Historia Natural. Aparte del valiosísimo conocimiento de la vida y costumbres de su tribu, contaron detalladamente su traslado a una reserva federal (1885-1888) y los problemas que eso acarreó.

El *pemmican* era un alimento del que en las Llanuras se echaba mano cuando no había nada fresco. Se hacía mezclando tasajo (carne seca) de búfalo, tuétano hervido y *chokecherries* (bayas de un arbusto de por allí). Para moler el tasajo y cascar los huesos para sacar el tuétano, se le aporreaba con una gran maza de piedra forrada de cuero. El *pemmican* era muy nutritivo, y podía conservarse durante años.

El pabellón, hecho de la mitad de la cubierta de un tipi, procuraba cierta intimidad en la parte dedicada al descanso

El templete sagrado se hallaba al fondo de la vivienda, en el lado opuesto a la entrada

Para desyerbar los maizales, los hidatsa preferían las horquillas hechas de puntas de cornamenta de venado (como los dientes de un tenedor). Esto se debía en parte a que creían que las horquillas de madera producían los cocos (gusanos que dañaban la cosecha). Los relatos tribales también hablan de ciervos que desyerbaban el huerto de su antepasada, la Eterna Abuela, y que por ello hicieron las primeras horquillas con su cornamenta.

La guerra y la paz

EN LAS GRANDES LLANURAS, la guerra formaba parte de la vida, pero en pocas ocasiones se entablaban grandes batallas. En cambio, cuadrillas de guerreros hacían incursiones para robar caballos, o para vengar una muerte, y siempre para conquistar honores. La audacia y el valor se evaluaban mediante un sistema de *coups* (palabra francesa que significa «golpes») entre los que figuraban conseguir un *escalpo,* robar un caballo o herir a un enemigo en el combate. La guerra era un asunto sangriento y mortal, que infligía numerosas bajas en ambos bandos. En la guerra tribal se daba la medida del valor personal y de la fuerza espiritual, más que en una batalla por un pedazo de territorio o por poder político llevada a cabo por soldados disciplinados. Las costumbres guerreras de los indígenas de Norteamérica les situaban en gran desventaja cuando combatían contra regimientos de blancos y de color.

El 23 de diciembre de 1890, junto al alboroto causado por la Danza de los Espíritus (abajo, izquierda), 470 soldados de EE UU del 7.º de Caballería custodiaban a 340 dakotas (sí que se habían rendido. Se produjo una situación muy tensa, y ambos bandos abrieron fuego. Murieron más de 60 soldados y unos 200 dakotas (entre ellos, mujeres y niños desarmados los cuerpos de los indios se enterraron en una fosa común Wounded Knee se convirtió para los indígenas de Norteamérica en el lug simbólico del trato inhumano por part de los blancos.

Pala metálica de hacha enastada en un mango de madera

La cara tallada es el símbolo del ser sobrenatural que ayudaba a su poseedor, y que aparecía en la visión de la Danza de los Espíritus

En las Llanuras, un piquete para hacer una incursión iba armado de arcos y flechas, escudos, lanzas y cuchillas para *escalpar.* Una maza de guerra podía llevar una cuchilla, y un clavo o una piedra con forma específica. Las pipas tomahawk, como este ejemplo dakota, se utilizaban como objetos de ceremonia, más que como arma.

Varita hecha de un tubo de madera o de una caña hueca

Varita arapahoe para la Danza de los Espíritus

El tocado era un penacho de plumas de urraca y de pavo

Una varita con mango blanco y plumas jaspeadas representaba el *calumet* hembra

A finales del siglo XIX, los pueblos de las Llanuras, desesperados en sus reservas, se dedicaron a una nueva ceremonia, la Danza de los Espíritus. Originada por una visión de Wovoka, el profeta paiute (ver págs. 40-44), preconizaba el final de los blancos y el retorno del búfalo. Los Danzantes de los Espíritus forjaban visiones en las que visitaban el mundo de los espíritus y se les aparecían parientes muertos. En danzas posteriores, exhibían objetos vistos en la visión (izquierda).

Diversas tribus de las Llanuras, como los pies negros, los hidatsa y los gros ventre, tenían unidades militares llamadas Sociedades del Perro. Durante una gira por el Oeste, el artista ya citado Karl Bodmer hizo este retrato de Pehriska Ruhpa (Dos Cuervos), Danzante Perro. Los Perros hidatsa eran «contrarios» y lo hacían todo al revés; por ejemplo, para dar a entender que un guerrero atacaba en una batalla, decían que «había volado».

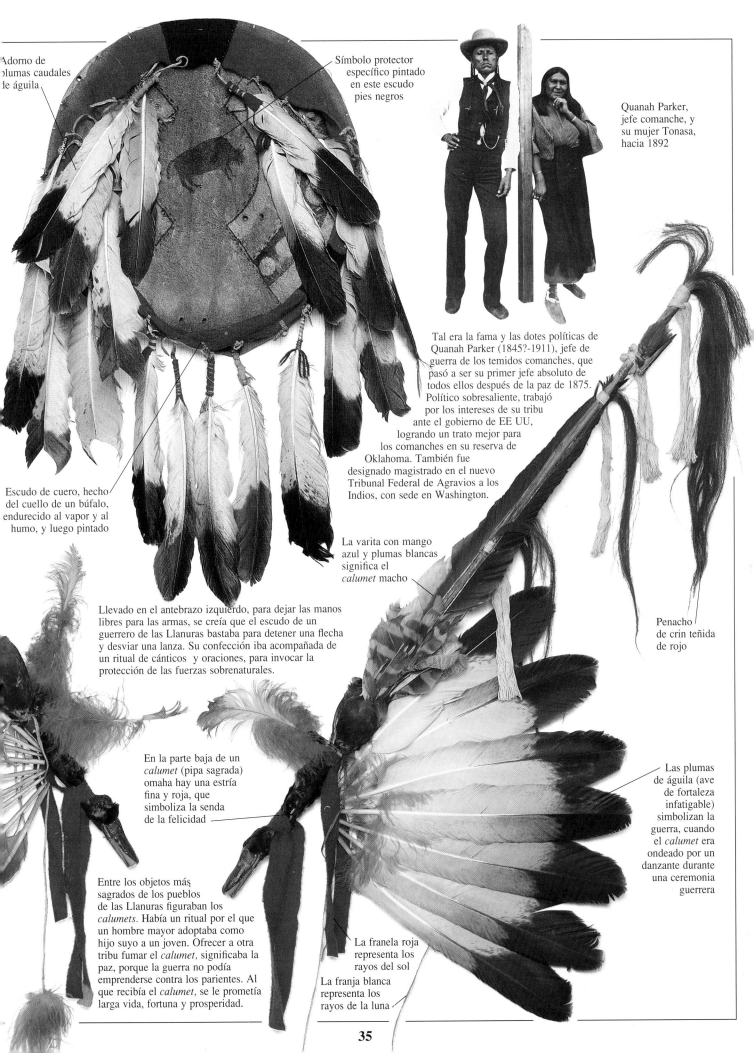

Adorno de
plumas caudales
de águila

Símbolo protector
específico pintado
en este escudo
pies negros

Quanah Parker,
jefe comanche, y
su mujer Tonasa,
hacia 1892

Tal era la fama y las dotes políticas de
Quanah Parker (1845?-1911), jefe de
guerra de los temidos comanches, que
pasó a ser su primer jefe absoluto de
todos ellos después de la paz de 1875.
Político sobresaliente, trabajó
por los intereses de su tribu
ante el gobierno de EE UU,
logrando un trato mejor para
los comanches en su reserva de
Oklahoma. También fue
designado magistrado en el nuevo
Tribunal Federal de Agravios a los
Indios, con sede en Washington.

Escudo de cuero, hecho
del cuello de un búfalo,
endurecido al vapor y al
humo, y luego pintado

La varita con mango
azul y plumas blancas
significa el
calumet macho

Penacho
de crin teñida
de rojo

Llevado en el antebrazo izquierdo, para dejar las manos
libres para las armas, se creía que el escudo de un
guerrero de las Llanuras bastaba para detener una flecha
y desviar una lanza. Su confección iba acompañada de
un ritual de cánticos y oraciones, para invocar la
protección de las fuerzas sobrenaturales.

En la parte baja de un
calumet (pipa sagrada)
omaha hay una estría
fina y roja, que
simboliza la senda
de la felicidad

Las plumas
de águila (ave
de fortaleza
infatigable)
simbolizan la
guerra, cuando
el *calumet* era
ondeado por un
danzante durante
una ceremonia
guerrera

Entre los objetos más
sagrados de los pueblos
de las Llanuras figuraban los
calumets. Había un ritual por el que
un hombre mayor adoptaba como
hijo suyo a un joven. Ofrecer a otra
tribu fumar el *calumet*, significaba la
paz, porque la guerra no podía
emprenderse contra los parientes. Al
que recibía el *calumet*, se le prometía
larga vida, fortuna y prosperidad.

La franela roja
representa los
rayos del sol

La franja blanca
representa los
rayos de la luna

La Danza del Sol

E<small>N LA ÉPOCA DE LA CAZA</small> veraniega del búfalo, cuando todas las tribus se habían reunido tras haberse dispersado ampliamente durante el invierno, la mayoría de los pueblos de las Llanuras celebraban la Danza del Sol, la mayor de sus ceremonias. Los ritos variaban mucho según las tribus, como los dakota, los crow o los pies negros, pero la finalidad era dar las gracias al Gran Espíritu por la ayuda recibida, y hacer rogativas por futuras bendiciones. La ceremonia consistía en el cumplimiento de una promesa por una persona (el oferente) para mostrar gratitud por la ayuda recibida del mundo de los espíritus, si bien el beneficio se derramaba sobre toda la tribu. El ritual duraba varios días con sus noches. Las tribus preparaban un Recinto de la Danza del Sol, cuyo centro ceremonial estaba ocupado por un álamo carolino sagrado, bifurcado en su copa. El tronco, designado por un guerrero, había sido talado por mujeres de notable virtud. Tras varias jornadas de danzas rituales, venían las duras ordalías. Los voluntarios se ofrecían a sufrir para lograr una visión personal. También se confiaba en que el Gran Espíritu le evitaría a toda la tribu algún sufrimiento futuro.

Toro Pausado, curandero de las Llanuras

Cráneo de búfalo debidamente adornado, y colocado en el altar de la Danza del Sol de los pies negros

El mundo de los pueblos de las Llanuras estaba lleno de espíritus que poseían poder y habitaban en las personas, los animales y hasta en los objetos. Algunas tribus creían que todo poder procedía del Gran Espíritu. Las personas podían cantar a los espíritus para invocar su ayuda o bien, mediante el ayuno, tratar de obtener una visión que les transmitiera algún poder sagrado. Los que conseguían grandes poderes, se convertían en curanderos, que eran además cabecillas y consejeros de la tribu.

La Danza del Sol de los crow se celebraba porque alguien buscaba venganza por la muerte de un pariente. De una argolla se colgaba un muñeco del álamo sagrado. Los relatos sagrados de los crow refieren el agravio de algún guerrero cuya familia había sido exterminada por los enemigos. Una visión le mostraba cómo hacer el muñeco, que luego le procuraría la venganza.

Penacho de plumas adornado con pieles y un collar de cuentas

Penacho de plumas de adorno en esta figura dakota

Los dakota colgaban objetos específicos de la horquilla del álamo sagrado, que era el motivo central de la Danza del Sol. Esos objetos, hechos de cuero crudo, eran simbólicos y podían ser efigies o sencillas figuras recortadas, de un hombre (que simbolizaba al enemigo) o de un búfalo. Al término del ritual, los danzantes disparaban flechas a las figuras.

Muñeco crow de piel relleno de hierbas olorosas

Efigie sencilla de búfalo, cortada de una pieza de cuero crudo

Como recurso vital que era para su modo de vida, muchos de los pueblos de las Llanuras daban importancia a la figura del búfalo en sus versiones de la Danza del Sol. Tanto los pies negros como los dakota pintaban calaveras de búfalos y las adornaban con salvia y con heno.

Funda cilíndrica para llevar los accesorios natoas de los pies negros, entre los que figuraba un tocado sagrado

Palo de cavar

Las cuencas de los ojos y las cavidades nasales se rellenaban con salvia y heno, como ofrenda simbólica al búfalo, con el fin de desearle unos provechosos pastos

Flecos de cuero

Además de talar el álamo sagrado, las mujeres cantaban durante las variadas danzas ejecutadas por los danzantes, y participaban en las ordalías. Pero lo más importante era que la ceremonia de los pies negros dependía para sus ritos de una Mujer Sagrada. Quien quisiera realizar una promesa en la Danza del Sol, tenía que comprar un conjunto de accesorios natoas, que se transfería a la Mujer Sagrada mediante un ritual propio. Contenidos en un estuche de cuero, los accesorios consistían en diversos objetos sagrados como pinturas para el rostro y un cascabel, pero los más importantes eran un gorro y un palo para cavar.

En las ordalías de la Danza del Sol, todos los danzantes se imponían ayunos y privaciones. Pero algunos se hacían hincar unas estacas de madera en los músculos pectorales, atadas a unas correíllas de cuero y sujetas a la horquilla del tronco sagrado de álamo. Se bamboleaban al son de la música y tocaban unos silbatos de huesos de águila, o se colgaban de la horquilla del tronco; y aseguraban que no se quedaban tranquilos hasta que las estacas les desgarraban la carne. El gobierno estadounidense decidió que esa costumbre era intolerable, y prohibió la Danza del Sol de 1904 a 1935.

Detalle de una pintura de Frederic Remington (1861-1909)

37

La Alta Meseta

LA ALTA MESETA (que se extiende desde la Cordillera de las Cascadas por el oeste hasta las Montañas Rocosas por el este, y por el sur desde el río Fraser hasta la mitad del estado de Oregón, el Wyoming occidental y el de Idaho) era el terruño propio de 25 tribus. La mayoría de ellas vivían en verano en chozas parecidas a los tipis, y en invierno, en casas cubiertas de tierra y medio subterráneas. Su alimento principal eran el salmón y las raíces comestibles. Algunos se convirtieron en mercaderes y cambiaron pieles, cáñamo y arcos de cuerno, por pieles de búfalo, vestidos de calidad y objetos decorados de las Llanuras. Los pueblos de la meseta no poseyeron caballos hasta el siglo XVIII, pero pronto se acreditaron en su crianza y su comercio. El comercio les aportó una prosperidad que sólo cesó con la presión de la expansión blanca a partir de la década de 1830.

Diana en forma de ciervo de los thompson para el tiro, hecha de juncos

La muerte de un miembro de la tribu thompson (así llamada por el apellido de un explorador del siglo XIX) daba lugar a una ceremonia especial. Se colgaba del tejado de la casa una diana con una figura de ciervo, y durante cuatro días se le disparaban flechas despuntadas de palisandro con un arco hecho de arce de las montañas y con cuerda de corteza. El arco, las flechas y la diana no se volvían a utilizar nunca más

Plumas de adorno del arco hecho de cuerno de carnero montés

Arco de arce de las montañas

Cuerda de corteza

Mapa de Norteamérica para situar la región de la Alta Meseta

Las flechas de ceremonia, hechas de palisandro, no llevaban plumas

El *parfleche* lleno de regalos de boda de la familia del novio a la de la novia, era una costumbre de los nez percé

La flecha más larga medía 1,40 m

Equipo ceremonial de los thompson, compuesto de arco y flechas, que se usaba cuando fallecía un miembro de la tribu

Cuerda de nervio

Las flechas de entrenamiento eran despuntadas

Una correílla de cuero crudo servía para unir las dos solapas de cierre del *parfleche*

Típicos motivos geométricos en el *parfleche* de piel de los nez percé

Equipo de entrenamiento (arco y flecha) de un muchacho thompson

Un *parfleche* era un objeto de piel ingeniosamente plegado muy usado en la meseta y en las Llanuras. Se colgaba de la silla de montar y era lo suficientemente grande como para poder llevar comida (carne de búfalo, por lo general) y ropa. Una tira de cuero crudo se doblaba dejando una base y dos solapas, que se volvían a plegar a dos tercios de los extremos. Esas solapas formaban una tapa. Al igual que otras labores de piel y cuero crudo, la confección de los *parfleches* era tarea de mujeres. Aunque los nez percé se hacían los suyos, las tribus de la meseta tenían en gran estima los *parfleches* de las Llanuras.

Los mejores arcos de la meseta se hacían de cuerno de carnero montés. Más fuerte y elástico que la madera, el cuerno de carnero procuraba mayor empuje al soltar la cuerda, con lo que las flechas tenían mayor alcance y precisión. Para que los muchachos alcanzasen destreza en la caza, se les ejercitaba disparando primero a dianas fijas, y luego cazando animales pequeños, como los conejos. Los arcos de cuerno de la meseta eran muy estimados por las tribus de las Llanuras, que los consideraban muy superiores a los suyos de madera.

Los fragores de la guerra contra los blancos llegaron hasta la meseta en la guerra de los nez percé de 1877. La guerrilla del jefe Joseph (h. 1840-1904) llevó a cabo una serie de escaramuzas contra unas fuerzas cada vez más numerosas de Caballería de los EE UU y voluntarios locales. Los nez percé hostigaron constantemente a sus enemigos en una caza que duró cuatro meses y se desplegó en un territorio de 2.600 km, hasta que se vieron obligados a rendirse a sólo 48 km de su santuario canadiense.

El Jefe Joseph

aplicaciones de diseño geométrico rojo y blanco en estas alforjas de la tribu thompson

El caballo revolucionó el modo de vida de los pueblos de la meseta. Amplió el alcance de sus migraciones veraniegas y extendió su comercio hasta California y más hacia el interior de las Llanuras. Como resultado, les aportó no sólo las mercancías intercambiadas, sino muchas de las costumbres de sus vecinos. Sin embargo, no adoptaron para el transporte las angarillas de las Llanuras. En cambio, utilizaron las albardas y alforjas, como éstas de la tribu thompson, que vivía al sur de la Columbia Británica.

Punta de cuerno de alce

La tribu thompson solía realizar correrías en el territorio de sus vecinos por el botín, por venganza o por cuestiones de honor, como muchos de los pueblos indígenas de Norteamérica. Esta porra de guerra, que se manejaba con ambas manos, está toscamente decorada: se ven en ella un lago y tres guerreros. Las muescas que se aprecian en ambos lados, puede que fueran ornamentales, pero también pudieran ser para llevar la cuenta del número de enemigos muertos al igual que los occidentales hacían muescas en sus armas de fuego.

Porra de guerra de abedul de los thompson, empleada también para cazar castores

Flecos de cuero

Estas muescas y las de arriba, quizá indicasen cuántos enemigos o cuántos castores había matado el propietario de esta porra

Los nez percé fueron famosos por sus bolsas de mazorcas de maíz. Hechas de fibra de cáñamo hilada y entretejida sin telar, se decoraban con cuerdas hechas de la parte interior de las mazorcas de maíz. Las cuerdas se teñían con tintes sacados de productos naturales, y con ellas se hacían motivos geométricos típicos; por la parte interior de la bolsa aparecían dibujos diferentes. Eran recipientes flexibles y se empleaban para llevar víveres, raíces y frutos silvestres. Aparte de los caballos, eran el artículo de comercio más importante de los nez percé.

La Gran Cuenca

Mapa de Norteaméric[a]
para situar la Gra[n]
Cuenca: lo[s]
actuales Estado[s]
de Nevad[a]
Utah, Idah[o]
Oregó[n]
Wyoming [y]
Colorad[o]

AL SER UN DESIERTO TÓRRIDO EN VERANO, azotado por tormentas y nieves en invierno, los recursos de la gran cuenca eran siempre escasos. Nueve tribus, esparcidas por un millón de km^2, se adaptaron de tal manera a ese medio ambiente, que permanecieron allí más de 10.000 años. Esos pueblos migradores no disponían de agricultura y vivían de alimentos silvestres que iban desde insectos y semillas hasta lagartos y ciervos; y su ingenio era más bien escaso. No necesitaban viviendas permanentes, ya que emigraban según las estaciones del año, cosechando en grandes campamentos durante la temporada de las piñas y siguiendo la pista de los movimientos de los conejos. Cuando se descubrió el oro en 1859, su modo de vida cambió drásticamente.

Los indígenas de la gran cuenca fueron hábiles cesteros, en particular los washoe, cuyos productos eran muy estimados por los compradores blancos. Datsolali (1835?-1925) fue la más célebre de todos los cesteros indígenas de Norteamérica. Sus cestas mostraban su dominio de las formas más difíciles, y realizó modelos tradicionales que exigían finísimos trenzados.

Datsolali, la cestera washoe de Nevada (de nombre blanco, Louisa Keyser)

En 1888, un chamán paiute de Nevada (su nombre blanco era Jack Wilson, 1856?-1932), comenzó a formular la profecía de que realizando una nueva ceremonia (la Danza de los Espíritus, que se difundió rápidamente por las Llanuras), el hombre blanco sería totalmente barrido, volvería el búfalo y se restaurarían los antiguos modos de vida. Aunque ese mensaje preconizaba la no violencia, las autoridades blancas reaccionaron con brutalidad.

El terruño de los ute estaba contiguo a las Llanuras, debido a lo cual adoptaron el traje de ceremonias neotradicional de esa región, el cual combinaba prendas de estilo europeo, con adornos de abalorios importados dispuestos con arreglo a un dibujo tradicional (derecha). La presión de los blancos pronto destruyó su modo de vida basado en la caza y las incursiones. En la década de 1870, muchos de los ute fueron llevados por la fuerza a las reservas.

El ribete de cinta en la prenda muestra la influencia de los blancos en el estilo, aunque el material básico fuera la piel de ciervo

Los abalorios de colores formando motivos geométricos muestran la fina labor de artesanía de esta chaqueta de niño

Flecos de piel de ciervo

Señuelo de pato de los paiute del norte, hecho de manojos de juncos

Ligaduras de fibra de plantas

Los paiute del norte, que vivían en el noroeste de Nevada, cazaban todos los animales disponibles, hasta los conejos y las marmotas. En verano, cazaban las aves migratorias (como los patos) con ayuda de señuelos hechos de manojos de juncos atados con fibra vegetal. Flotaban de manera realista entre los juncos de los pantanos al alcance de los arcos de los cazadores escondidos y engañaban a los patos haciéndoles creer que no había peligro.

Correa de piel,
para ceñir a la
cabeza de la madre

Asa muy
práctica, para
llevar la cuna
«de mochila»

Una mochila para
llevar al niño le
dejaba a la madre las
manos libres para
múltiples tareas. Y
si por descuido se
caía o volcaba
el artilugio,
la visera
saliente
protegía la
cabeza del
pequeño.

El fondo de la
mochila estaba
formado por
varillas sujetas
por unos
travesaños de
tabla, sobre una
base de madera

La suave funda de
piel iba adornada
con abalorios
de vidrio

Los largos flecos
de piel servían
para repeler la
lluvia

Lo mismo que las tribus de las
Llanuras, los paiute empleaban
mochilas para transportar a sus
niños pequeños. El bastidor se
hacía de finas varillas, y la
funda, de piel suave. El bebé iba
dentro, sujeto por los cordones
de cierre, en un habitáculo seguro
pero cómodo, a espaldas de su
madre o colgado de la silla de
montar. Aunque se le dejara
apoyado en vertical, el niño siempre
podía ver lo que le rodeaba.

Los derechos de
los paiute fueron
vigorosamente
defendidos por Sarah
Winnemucca (1844-
1891). Acudió algún
tiempo a la escuela, y se
convirtió en intérprete
oficial entre los paiute y los
desagradables agentes indios
nombrados por el gobierno.
Luego hizo campaña por el
apoyo de los blancos en el este.
Su autobiografía de 1883 es
una requisitoria contra la
brutalidad de los blancos, y
un tributo al sufrido coraje
de su pueblo.

Dentro de
este colgante
ute en forma
de lagarto
iba un
cordón
umbilical

Algunas veces, los adornos
personales tenían una
finalidad. El cordón umbilical
de un recién nacido se solía
envolver en una bolsa de ristras
de abalorios, que se colgaba de
la cuna o se llevaba a modo
de amuleto, para ahuyentar la
mala suerte. A las bolsitas se
les daba forma de un lagarto
o una tórtola, porque esos
animales simbolizaban
una larga vida.

Fibra tejida de la
yuca (planta)

En verano, muchos
pueblos de la cuenca iban
descalzos, pero algunas
tribus confeccionaban
sandalias de corteza de
árbol burdamente tejidas.
En ocasiones, los paiute
del sur también hacían
mocasines de piel de
borrego, o sandalias
de fibra de yuca. Estas que
se muestran eran el diseño
tradicional del grupo kaibab
de los paiute del sur.

Cazadores y recolectores

A LOS INDÍGENAS AMERICANOS de 1760 les pareció California tan atractiva como a sus sucesores estadounidenses de 1960. Las razones eran muy sencillas. Excepto en el desierto del Sureste, el clima y los recursos hacían la vida fácil. No solía haber guerras, y la agricultura era casi desconocida, ya que los habitantes preferían ser cazadores y recolectores. Aislados por desiertos y montañas de los pueblos guerreros del este, las 50 tribus vivían de la pesca y la caza, pero los frutos secos (principalmente las bellotas) constituían la mayor parte de su dieta. Con sus ceremonias, suplicaban al mundo de los espíritus que les procurase alimento y salud. Con la llegada en 1769 de los españoles, que fundaron misiones en el sur, comenzó el deterioro de ese modo de vida; la «Quimera del Oro» de 1849 en el norte, lo aniquiló.

Los maidú, apodados por los europeos «los cavadores indios» (porque escarbaban para obtener raíces comestibles como complemento de su dieta de bellotas), tenían viviendas parcialmente subterráneas, de más de 12 m de diámetro. En algunas de sus ceremonias, tanto hombres como mujeres llevaban tocados de plumas (derecha).

Tocado de danza maidú, o plumero, hecho de púas de puercoespín, plumas, madera y cuerdas

En 1864, Kintpuash (el Capitán Jack) encabezó un grupo de modocs que se negó a establecerse en su nueva reserva, y en 1872 tuvo lugar la guerra modoc. El ejército de EE UU puso asedio a Kintpuash y a 80 de los suyos, durante seis meses, cerca del lago Tule. Tras violar unas conversaciones de paz, Kintpuash se rindió y fue ahorcado.

Una sola vara curvada formaba el bastidor básico de este mayal de los pomo

El primoroso dibujo en esta muñeca de cerámica evoca los tatuajes realizados en la piel de un guerrero mohave

Tejido muy tupido de varillas de sauce

Los pomo vivían entre el océano y la cordillera litoral. Sus viviendas, cada una de las cuales albergaba a varias familias, consistían en un armazón de postes de madera de 9 m de largo, con cubierta de bardas. Si bien eran hábiles cazadores y pescadores, la mayor parte de su dieta eran bellotas molidas. También comían semillas, raíces y bayas. Las mujeres utilizaban mayales (derecha) para recolectar bellotas en una cesta.

Los mohaves, tribu típica de los pueblos yuma ribereños del curso bajo del río Colorado, se dedicaban a la agricultura en las tierras bajas, contando con la crecida anual para sus cosechas.
A finales del siglo XIX, confinados en una reserva, vendían *souvenirs,* como esta pareja de muñecos de barro (arriba), en una estación de ferrocarril cercana.

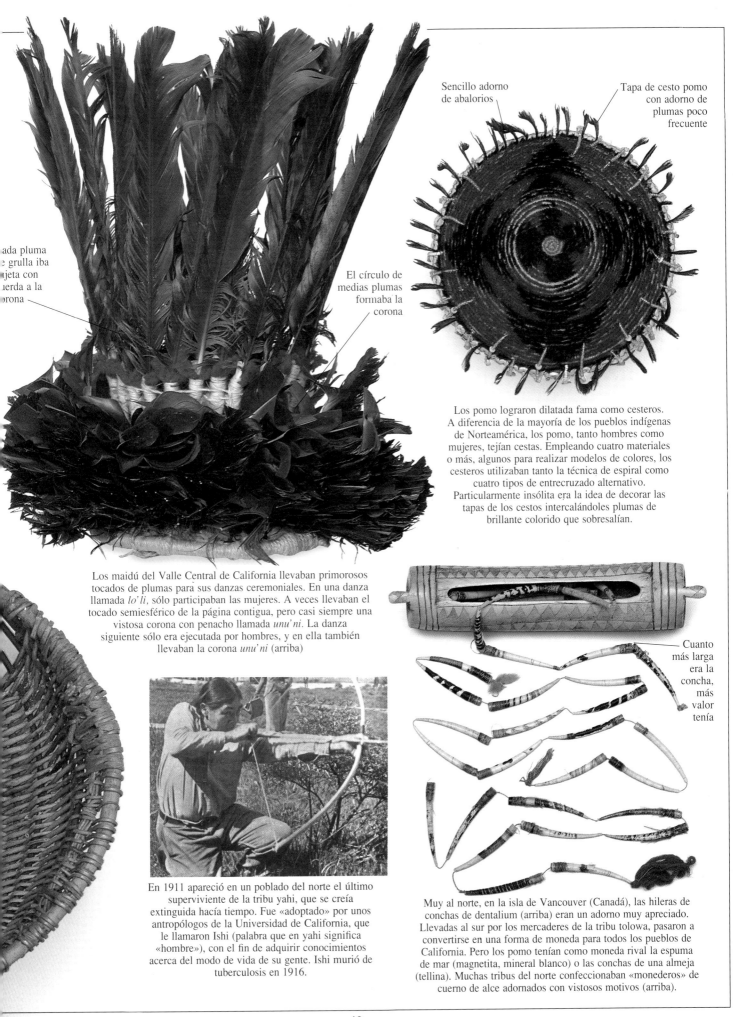

ada pluma
e grulla iba
jeta con
erda a la
orona

El círculo de
medias plumas
formaba la
corona

Sencillo adorno
de abalorios

Tapa de cesto pomo
con adorno de
plumas poco
frecuente

Los pomo lograron dilatada fama como cesteros.
A diferencia de la mayoría de los pueblos indígenas
de Norteamérica, los pomo, tanto hombres como
mujeres, tejían cestas. Empleando cuatro materiales
o más, algunos para realizar modelos de colores, los
cesteros utilizaban tanto la técnica de espiral como
cuatro tipos de entrecruzado alternativo.
Particularmente insólita era la idea de decorar las
tapas de los cestos intercalándoles plumas de
brillante colorido que sobresalían.

Los maidú del Valle Central de California llevaban primorosos
tocados de plumas para sus danzas ceremoniales. En una danza
llamada *lo'li,* sólo participaban las mujeres. A veces llevaban el
tocado semiesférico de la página contigua, pero casi siempre una
vistosa corona con penacho llamada *unu'ni.* La danza
siguiente sólo era ejecutada por hombres, y en ella también
llevaban la corona *unu'ni* (arriba)

Cuanto
más larga
era la
concha,
más
valor
tenía

En 1911 apareció en un poblado del norte el último
superviviente de la tribu yahi, que se creía
extinguida hacía tiempo. Fue «adoptado» por unos
antropólogos de la Universidad de California, que
le llamaron Ishi (palabra que en yahi significa
«hombre»), con el fin de adquirir conocimientos
acerca del modo de vida de su gente. Ishi murió de
tuberculosis en 1916.

Muy al norte, en la isla de Vancouver (Canadá), las hileras de
conchas de dentalium (arriba) eran un adorno muy apreciado.
Llevadas al sur por los mercaderes de la tribu tolowa, pasaron a
convertirse en una forma de moneda para todos los pueblos de
California. Pero los pomo tenían como moneda rival la espuma
de mar (magnetita, mineral blanco) o las conchas de una almeja
(tellina). Muchas tribus del norte confeccionaban «monederos» de
cuerno de alce adornados con vistosos motivos (arriba).

El asombroso Suroeste

EL SUROESTE ES TIERRA de gran majestuosidad y de espectaculares contrastes, de montañas y desiertos, de tórridos veranos y rigurosos inviernos. Los pueblos que lo habitaron, pudieron rastrear las huellas de sus antepasados hasta hace unos 2.000 años. Algunos de sus poblados de piedra y barro han sido habitados sin interrupción durante más de 1.000 años. En esa árida tierra, las tribus pueblo aprendieron a regar sus cosechas con la escasa agua disponible. Sus ritos estaban muy vinculados con el intento de convencer al mundo de los espíritus de que les trajese la lluvia. Así eran también los papago del desierto hacia el sur. Aunque no eran belicosos, los pueblo tenían que defenderse de los navajos y los apaches.

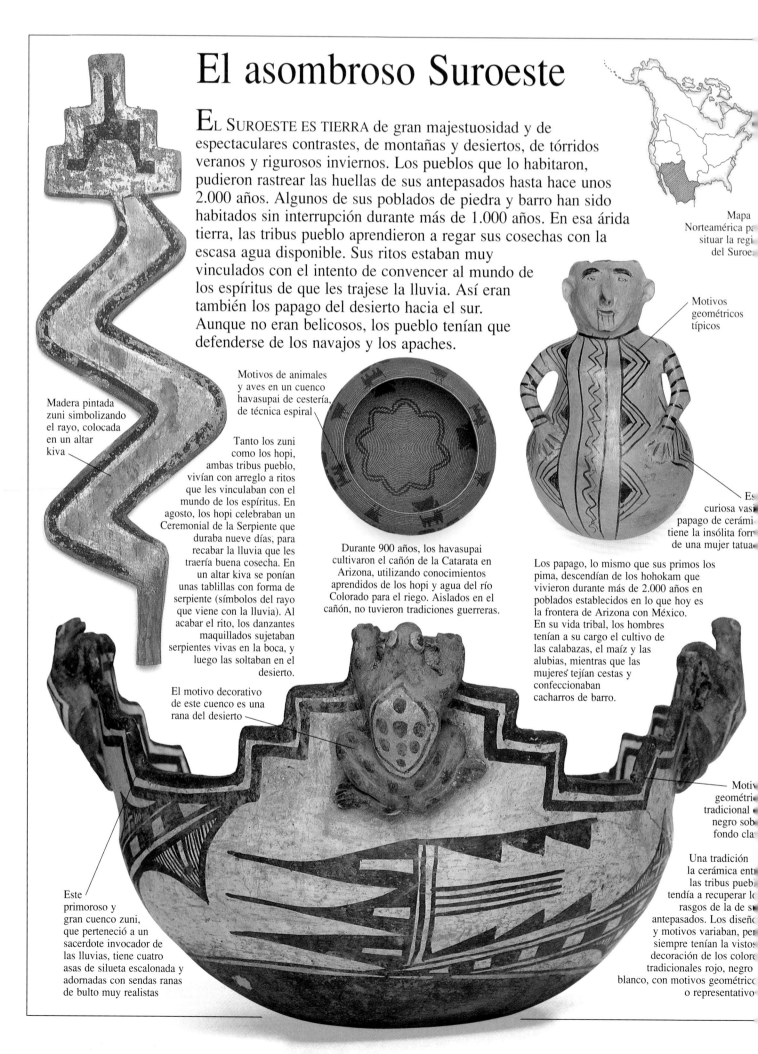

Mapa
Norteamérica pa
situar la regi
del Suroe:

Motivos
geométricos
típicos

Madera pintada zuni simbolizando el rayo, colocada en un altar kiva

Motivos de animales y aves en un cuenco havasupai de cestería, de técnica espiral

Tanto los zuni como los hopi, ambas tribus pueblo, vivían con arreglo a ritos que les vinculaban con el mundo de los espíritus. En agosto, los hopi celebraban un Ceremonial de la Serpiente que duraba nueve días, para recabar la lluvia que les traería buena cosecha. En un altar kiva se ponían unas tablillas con forma de serpiente (símbolos del rayo que viene con la lluvia). Al acabar el rito, los danzantes maquillados sujetaban serpientes vivas en la boca, y luego las soltaban en el desierto.

Durante 900 años, los havasupai cultivaron el cañón de la Catarata en Arizona, utilizando conocimientos aprendidos de los hopi y agua del río Colorado para el riego. Aislados en el cañón, no tuvieron tradiciones guerreras.

Es
curiosa vasi
papago de cerámi
tiene la insólita for
de una mujer tatua

Los papago, lo mismo que sus primos los pima, descendían de los hohokam que vivieron durante más de 2.000 años en poblados establecidos en lo que hoy es la frontera de Arizona con México. En su vida tribal, los hombres tenían a su cargo el cultivo de las calabazas, el maíz y las alubias, mientras que las mujeres tejían cestas y confeccionaban cacharros de barro.

El motivo decorativo de este cuenco es una rana del desierto

Motiv
geométri
tradicional
negro sob
fondo cla

Una tradición
la cerámica ent
las tribus pueb
tendía a recuperar lo
rasgos de la de s
antepasados. Los diseño
y motivos variaban, per
siempre tenían la vistos
decoración de los colore
tradicionales rojo, negro
blanco, con motivos geométric
o representativo

Este primoroso y gran cuenco zuni, que perteneció a un sacerdote invocador de las lluvias, tiene cuatro asas de silueta escalonada y adornadas con sendas ranas de bulto muy realistas

Unas puntadas de nervio unen este adorno de plumas al escudo de la tribu pueblo taos; ambos están hechos de piel animal teñida

La decoración lleva pintado un guerrero a caballo con un escudo de guerra parecido a éste

Sencilla decoración de siluetas de chozas tipis

Este típico caballo pinto descendía de los *mustangs* salvajes

En un escudo de guerra, las plumas podían ponerse en franjas colgantes (como aquí) o alrededor (como en la pintura)

...s plumas de ...uila eran el ...orno tradicional ...: los escudos de ...erra, pero ...mbién se usaban ...umas de pavo

Los antiguos anasazi abandonaron sus cuevas excavadas en la roca hacia el año 750, y construyeron los llamados *pueblos*. En el cañón del Chaco, de Nuevo México, pueden verse las ruinas de uno de los mayores: Pueblo Bonito. En su tiempo fue un gigantesco conjunto semicircular de 700 viviendas, que ascendían en terrazas y daban alojamiento a 1.200 personas; estaban dispuestas alrededor de una plaza en la que había dos recintos ceremoniales subterráneos *(kivas)*.

En 1528, casi un siglo antes de que otros europeos llegaran a poner los pies en la costa oriental del continente, los españoles penetraron en el suroeste en busca de oro. Con ellos llegaron los misioneros y los soldados. En 1680, Pope (un curandero pueblo taos) unió a todas las tribus pueblo contra los españoles, rechazándolos durante 12 años. Aunque derrotadas, las tribus pueblo han conservado su religión y muchas de sus tradiciones hasta nuestros días.

Las tribus pueblo

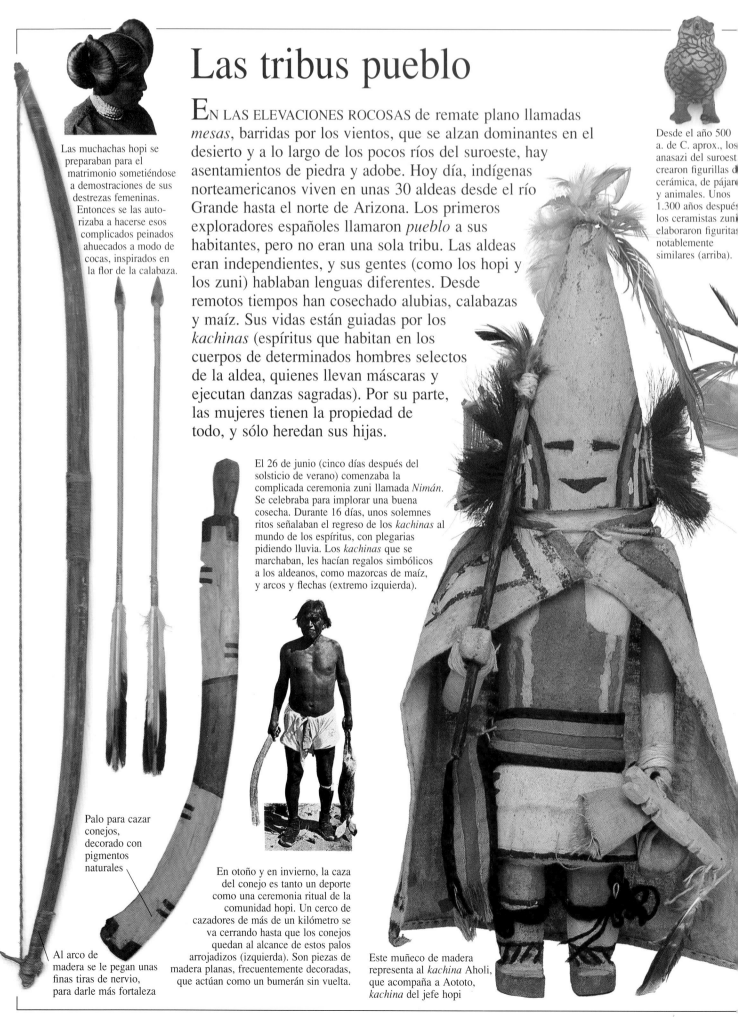

Las muchachas hopi se preparaban para el matrimonio sometiéndose a demostraciones de sus destrezas femeninas. Entonces se las autorizaba a hacerse esos complicados peinados ahuecados a modo de cocas, inspirados en la flor de la calabaza.

EN LAS ELEVACIONES ROCOSAS de remate plano llamadas *mesas*, barridas por los vientos, que se alzan dominantes en el desierto y a lo largo de los pocos ríos del suroeste, hay asentamientos de piedra y adobe. Hoy día, indígenas norteamericanos viven en unas 30 aldeas desde el río Grande hasta el norte de Arizona. Los primeros exploradores españoles llamaron *pueblo* a sus habitantes, pero no eran una sola tribu. Las aldeas eran independientes, y sus gentes (como los hopi y los zuni) hablaban lenguas diferentes. Desde remotos tiempos han cosechado alubias, calabazas y maíz. Sus vidas están guiadas por los *kachinas* (espíritus que habitan en los cuerpos de determinados hombres selectos de la aldea, quienes llevan máscaras y ejecutan danzas sagradas). Por su parte, las mujeres tienen la propiedad de todo, y sólo heredan sus hijas.

Desde el año 500 a. de C. aprox., los anasazi del suroeste crearon figurillas de cerámica, de pájaros y animales. Unos 1.300 años después los ceramistas zuni elaboraron figuritas notablemente similares (arriba).

El 26 de junio (cinco días después del solsticio de verano) comenzaba la complicada ceremonia zuni llamada *Nimán*. Se celebraba para implorar una buena cosecha. Durante 16 días, unos solemnes ritos señalaban el regreso de los *kachinas* al mundo de los espíritus, con plegarias pidiendo lluvia. Los *kachinas* que se marchaban, les hacían regalos simbólicos a los aldeanos, como mazorcas de maíz, y arcos y flechas (extremo izquierda).

Palo para cazar conejos, decorado con pigmentos naturales

En otoño y en invierno, la caza del conejo es tanto un deporte como una ceremonia ritual de la comunidad hopi. Un cerco de cazadores de más de un kilómetro se va cerrando hasta que los conejos quedan al alcance de estos palos arrojadizos (izquierda). Son piezas de madera planas, frecuentemente decoradas, que actúan como un bumerán sin vuelta.

Al arco de madera se le pegan unas finas tiras de nervio, para darle más fortaleza

Este muñeco de madera representa al *kachina* Aholi, que acompaña a Aototo, *kachina* del jefe hopi

Las plumas son el adorno típico del tocado de los muñecos *kachina*

Pluma de ave de presa

Los objetos de cerámica de María Martínez, de negro mate sobre negro brillante, se hicieron famosos este siglo XX

Durante 900 años, las tribus pueb. elaboraron un estilo de decoración para la cerámica que destacó por su personalidad. La de la aldea pueblo de San Ildefonso llevaba tradicionalmente motivos geométricos en dos colores. Allí, Julián Martínez inventó en 1919 un diseño de negro mate sobre negro brillante que su mujer, María, ejecutaba en sus piezas.

Cuernos y otros elementos animales aparecían en los muñecos *kachina*, como éstos de danzantes

Muñeco *kachina* que daba a los niños un danzante que pretendía asustarlos y pedirles comida; pero si se lo daba con calma, el niño se quedaba tan tranquilo

Nakachok, un muñeco *kachina* de madera pintada de los hopi

Los muñecos *kachina* no eran juguetes, sino que formaban parte esencial de la educación de los niños de las tribus pueblo. Esos muñecos, cuidadosamente confeccionados para representar los diversos tipos de *kachina*, servían para enseñar a los niños la apariencia y las funciones de los muchos *kachinas*. La elaboración de muñecos *kachina*, la realizaban sobre todo los hopi y los zuni.

Nataska, un muñeco *kachina* de los hopi, ayudaba a enseñar la disciplina a los niños díscolos

47

Los apaches y los navajos

LAS ÁRIDAS MONTAÑAS y los desiertos del Suroeste se convirtieron en el territorio propio de apaches y navajos, que posiblemente emigraron al sur desde el noroeste en el siglo XV. Cazadores y guerreros, primero hicieron incursiones en tierras de sus vecinos, las tribus pueblo, y luego combatieron contra los españoles, que avanzaban desde México. De unos y otros adquirieron importantes conocimientos de agricultura. Los navajos combinaron los cultivos y cría de ganado con las incursiones, hasta que unas fuerzas locales estadounidenses bajo el mando de Kit Carson (1809-1869) les obligaron a rendirse en 1864. Al reconstruir su modo de vida, añadieron el labrado de la plata a sus otras actividades artesanas. Algunos apaches, tomando ejemplo de las aldeas pueblo, se dedicaron a la agricultura y la cría de animales domésticos; pero la mayoría siguieron con la caza y las incursiones. Temidos por las demás tribus y por los europeos, fueron vencidos a mediados de la década de 1880.

Los navajos fueron famosos por su bella orfebrería; esta muñequera de cuero es una típica labor suya, adornada con plata y turquesa.

El apache Goyanthlay, apodado «el Bostezador», fue conocido por su nombre mexicano de Gerónimo (1829-1909). Pasó a ser el guerrero apache más famoso, e hizo frente a la invasión de sus tierras por los norteamericanos en la década de 1860. Fue capturado de modo fortuito en 1877, y confinado en la reserva de San Carlos, en Arizona. Tras escaparse en 1881, volvió a dedicarse a las incursiones, para terror de los mexicanos y los invasores EE UU. Fue fotografiado (arriba, extremo izquierda) muy poco antes de que se rindiese en 1886. En 1903 se convirtió al cristianismo.

Como variante de los mocasines llevados con polainas de piel para protegerse de los abrojos, los apaches llevaban botas de piel suave, los «mocasines largos», hechos de gamuza o de piel de ciervo. Por lo general, los mocasines largos de hombre llegaban hasta debajo de la rodilla, mientras que los de mujer subían hasta más arriba.

Remate de piedra de un bastón de guerra apache

Delicado adorno de abalorios coloreados

Tira de cuero para sujetar por debajo de la rodilla los mocasines largos de niño

Bella labor de abalorios

Vestido de piel

Adorno de tachuelas metálicas

Los abalorios denotan influencia europea

Bastón de madera forrado de piel para mejor sujeción

Borla de crin de caballo teñida

Los juguetes de los niños apaches, como los de todos los niños del mundo, solían imitar el mundo de los adultos en el que se criaban. Esta muñeca de trapo lleva el pelo peinado al estilo de una muchacha hopi soltera. Cuando una niña apache entraba en la pubertad, tenía lugar una ceremonia que duraba cuatro días, en la que alternaban los cánticos rituales y las celebraciones. Lo mismo que a las hopi, a las muchachas apaches una mujer mayor les enseñaba sus futuras obligaciones, y aparte tenían que correr una carrera ritual para demostrar su fortaleza y valentía. Después de lo cual, se las declaraba aptas para el matrimonio.

Al igual que los demás indígenas de Norteamérica, los navajos y los apaches no conocían el caballo hasta que en el siglo XVI se toparon con los colonos españoles. No obstante, bien pronto aprendieron su doma, monta, manejo y crianza, en especial para la guerra. Este látigo navajo (extremo derecha) es muy parecido a la fusta utilizada por los *cowboys*, que la llaman *quirt*, y por los vaqueros mexicanos, que la llaman *cuarta*. El bastón de guerra apache era una buena arma para las peleas cuerpo a cuerpo; este ejemplo (derecha) está notablemente decorado.

Vara superior

Varilla de separación

Hilo de
lana teñida

La tablilla servía para
separar los hilos de la
urdimbre

Este peine con
punta servía para
apretar los hilos
de la trama

En la década de 1870, los
motivos evolucionaron,
adoptando los rombos

Los relatos navajo decían que la
Mujer Araña (espíritu que formaba
parte de la Gente Santa) enseñó a
tejer a las mujeres. Los
conocimientos pasan de madres a
hijas, con arreglo a una tradición
que se remonta muchas
generaciones. Con frecuencia, se
heredaban los utensilios, como la
tablilla de separar la urdimbre (hilos
verticales), y el peine para apretar la
trama (hilos horizontales). En las
tribus navajo, toda la propiedad
pasaba de madres a hijas.

Bolsa apache para tabaco
de labor de abalorios, con
adornos metálicos

Látigo
hecho de
tiras de
piel

La parte tejida de la
alfombrilla se sujetaba
con hebras de lana a
la barra inferior

Los navajos aprendieron de las tribus pueblo las artes del
tejido a finales del siglo XVI, con la lana que al principio
les robaban a los españoles en sus incursiones.
A mediados del siglo XIX, los tejidos navajos se vendían
por todo el oeste de los EE UU. Las mantas se hacían con
motivos complicados y colores tradicionales, que fueron
cambiando con el tiempo. Desde finales del siglo XIX,
los mercaderes norteamericanos fomentaron la
confección de alfombrillas con motivos pictóricos,
como la de arriba. Esa artesanía navajo es hoy muy
conocida y estimada en el mundo entero.

Los apaches no fueron conocidos por su cerámica
como los hopi, ni por sus tejidos y su orfebrería
como los navajos. Sin embargo, las mujeres apaches
confeccionaron vistosos cestos de varillas de sauce,
y bonitas labores de abalorios, como esta primorosa
bolsa para tabaco.

Aditamento
de cola de
vaca, teñida
expresamente
de rojo

Los papago y los pima

EN LOS ABRASADOS DESIERTOS de lo que hoy es Arizona y el norte de México, hace más de 2.000 años las tribus hohokam instalaron sistemas de riego para cultivar. Sus descendientes son los papago y los pima (su denominación propia, los *o'odham*, significa «la gente»). Utilizando ese saber heredado de riego con agua de los ríos, los pima se establecieron en aldeas a orillas de los ríos Salado y Gila, y cultivaron maíz, calabazas y alubias, y trigo desde 1700 aproximadamente. Sus reservas de alimentos eran tan abundantes, que abastecieron a los mineros californianos y al ejército de la Unión durante la Guerra Civil norteamericana (1861-1865). Los papago, habitantes del desierto, tenían que contar con la estación de las lluvias para sus cultivos, y por consiguiente eran seminómadas. Del fruto fermentado del cactus llamado «saguaro», obtenían un vino utilizado en sus ritos. Ambas tribus, que celebraban ceremonias similares, veneraban a dos divinidades principales, el Hermano Mayor y el Hacedor del Mundo.

Figura tradicional de sapo cornudo en este cestillo pima

Recipientes casi irrompibles, los cestos y cestillos tenían infinitos usos. Los cestillos de forma de cuenco servían para el maíz, y los cestos, mayores y planos, para cosechar frutos de la parte alta de los cactus saguaro. Los motivos con siluetas de animales empezaron a aparecer en el siglo XIX.

Este escudo papago de madera va recubierto de piel adornada con plumas

Los papago y los pima celebraban ceremonias en las que había peleas en broma, en las que se utilizaban escudos como el de arriba. Aunque no eran tan amigos de correrías como los apaches, los choques con las demás tribus eran casi inevitables, y en ellas se comportaron como combatientes aguerridos y eficaces. En la Guerra Civil norteamericana, los pima defendieron Arizona en favor de la Unión, derrotando a las fuerzas confederadas. Desde 1865, sirvieron de valiosos exploradores en el ejército de los EE UU, en sus campañas contra los apaches.

La cestería se convirtió en verdadero arte entre los pima. Las técnicas tradicionales consistían en espirales de varillas de sauce, sujetas con juncos arrollados. Los motivos decorativos se conseguían añadiendo partes de la planta negra llamada «garra del diablo», para obtener un vistoso contraste. La cestería papago también tomó prestados modelos hispánicos. Algunos cestos eran a veces tan grandes, que el cestero tenía que meterse dentro para acabarlos.

Los papago eran seminómadas y disponían de muy poca agua. Los caballos les fueron muy útiles para desplazarse entre sus campamentos de verano, en el desierto, y sus aldeas estables de invierno, cercanas a los manantiales de las montañas.

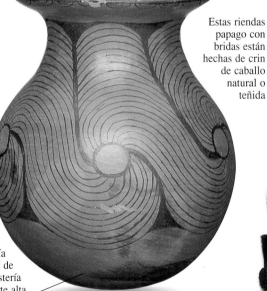

Estas riendas papago con bridas están hechas de crin de caballo natural o teñida

Lo mismo que otros pueblos del suroeste, los pima y los papago eran alfareros. Comparados con los hopi y los zuni, sin embargo, sus diseños eran mucho más sencillos.

El fondo redondo permitía colocar a este cántaro de agua papago un aro de cestería para sujetarlo por la parte alta

Esta máscara de payaso
va adornada con un
puñado informe de
plumas de águila
en la cresta y
por detrás

Plumas
de ave de
rapiña

En la lona
se han hecho
aberturas para
ojos y boca

Máscara papago
de payaso vista
de frente

Vista
trasera de
la máscara
papago de
payaso

Una lengüeta
sujeta a la
corona cuelga
por la espalda

Las ceremonias de los pima y los
papago se centraban en lo único
importante en sus vidas, la buena
cosecha en sus tierras áridas. En cada
una de las aldeas, un hombre,
denominado el Guardián del Humo,
se encargaba de las ceremonias. Cada
cuatro años, ambas tribus tenían una
fiesta mayor (llamada la *Viikita*) para
celebrar las cosechas. Los danzantes
rituales, con ropas y caretas de
payasos sagrados, representaban toda
una pantomima acerca de la
dependencia de la tierra, del tiempo
atmosférico y de los seres divinos.

Como vivían en el desierto, los papago
celebraban ceremonias para atraer la
lluvia. Hacían peregrinaciones a donde
creían que habitaban los espíritus de las
lluvias, para pedirles que regresaran a
su terruño tribal. Todos los veranos, los
papago llevaban a cabo unas
ceremonias en las que bebían grandes
cantidades de vino de cactus, porque
creían que el sopor alcohólico
expulsaba al diablo, cosa que complacía
a los espíritus de la lluvia.

Estos dibujos negros
en la parte delantera
del capuchón de lona
(hecho de un saco de
harina) simbolizaban
una nube cargada
de lluvia

Trenzas hechas de
crin de caballo,
con adornos
de tela roja

51

La tierra de los tótems

Un cuervo encima de un oso

Incrustaciones de nácar en el mango de marfil

ENTRE LOS DENSOS BOSQUES y la franja litoral del lluvioso Noroeste floreció una singular cultura que los europeos dejaron casi incólume hasta finales del siglo XVIII. Los pobladores de esa región, divididos en unas 30 tribus, nunca se dedicaron a la agricultura, sino que vivían cómodamente de las riquezas que generosamente les brindaban el mar, los bosques y los ríos repletos de salmones en sus ciclos anuales. El pródigo medio ambiente les dejó tiempo suficiente para desarrollar un espléndido arte manual y una compleja sociedad de nobles, plebeyos y esclavos. Las familias pudientes, orgullosas de su categoría, lo manifestaban mediante suntuosas ceremonias y monumentales obras de artesanía, en especial la colocación de tótems (postes de madera tallados).

Mapa de Norteamérica para situar la región Noroeste

Tira de piel para sujetarse el machete alrededor de la muñeca

Aletas finamente talladas en esta porra haida para pescar *halibuts*

Hoja de acero del machete de combate de los tlingit

Los haida vivían en islas, por lo que dependían de la pesca para subsistir. Capturaban un pez sin espinas parecido al bacalao, el *halibut,* lanzando los anzuelos cerca de la orilla del mar. En cuanto sacaban el *halibut* a la superficie, le aturdían con un palo como el que se muestra, ya que al pesar a veces más de 180 kilos, los forcejeos del pez podían hacer que la canoa zozobrase. Fabricaban las canoas vaciando el tronco de un cedro gigante, y adornaban la proa con una primorosa talla abstracta.

Talla que representa un cuervo, en la parte superior de este tótem haida

Las acciones de guerra típicas en la costa noroeste eran incursiones rápidas para vengarse de algo, o bien para rapiña o captura de esclavos. Entre las tribus norteñas, la guerra también tenía el objetivo de apoderarse de más tierras ahuyentado al enemigo. Los guerreros llevaban cascos de madera y corazas hechas de tablas unidas con tiras de cuero crudo. Sus armas eran arcos, porras y machetes (arriba). Los machetes, al comienzo, tenían hojas de piedra o de hueso, pero luego fueron de hierro, obtenido mediante el comercio, y durante el combate se los ataban a la muñeca.

Esta maqueta de tumba haida lleva una figura emblemática con una complicada talla

Cuando fallecía un haida acaudalado, se guardaba en su casa un duelo ritual de cuatro a seis días. Luego, el cuerpo se introducía en un ataúd, con el que se realizaba un recorrido determinado. Y por último, se le inhumaba en un mausoleo a veces tan grande como una casa, y se le erigía un tótem conmemorativo.

La arquitectura fue una de las grandes realizaciones de los pueblos del litoral noroeste. Las amplias casas de madera, las murallas de sus aldeas hechas de tablones de cedro sujetos en un sólido armazón también de cedro, eran diseñadas por arquitectos que supervisaban a los hábiles artesanos y las cuadrillas de jornaleros, que a veces eran esclavos de otras tribus. Varias familias emparentadas vivían en una misma casa. El espacio vital era el reflejo de la categoría social; el máximo indicio de pujanza er poseer una cerca trasera. Como si fueran un segundo bosque, los tótems daban tono a la aldea; algunos se levantaban en la fachada de la casa, cuya puerta era un hueco practicado en la base. Los tótems aislados solían ser monumentos conmemorativos.

Pequeña
rana tallada

Los tótems no eran ídolos, como
creyeron los misioneros
cristianos, sino monumentos que
proclamaban la categoría social
de una familia, consignada en su
tronco de árbol familiar. Cada
familia reclamaba, mediante
sus propias leyendas, una
vinculación con un espíritu en
forma de animal, como un
cuervo, un lobo, un oso o
un águila. Las tallas que
representaban esos seres eran
las figuras emblemáticas de
una familia, algo así como
las de los escudos solariegos
en la Europa medieval.

Los tlingit no fumaban hasta que les llegó el tabaco
a través de los mercaderes blancos, hacia 1800.
Luego, empezaron a confeccionar una sorprendente
variedad de pipas de madera de complicadas tallas,
con cazoletas de metal, que sólo utilizaban los
hombres, porque las mujeres no fumaban. Los
diseños eran parecidos a las figuras emblemáticas de
los tótems, como se ve en este ejemplo tlingit, con
dos cabezas de lobo talladas, pintadas y con
incrustaciones
de nácar.

Búho tallado
en la tercera
cimera de
un tótem

Tótem tallado
en el tronco de
un cedro

Cabeza de
un ave de
presa

Líneas
onduladas
que
representan
las plumas
de un ave

Las tallas inferiores
de un tótem indican
las alianzas por
matrimonio y otros
acontecimientos
familiares de
importancia

Pequeño
tótem
o poste
funerario
haida

Este tótem mide
6 m, pero uno
completo podía
tener más de
12 m de alto

Las familias pudientes encargaban a los escultores
que les tallasen tótems con diversos fines,
relacionados sobre todo con los ritos funerarios y
las conmemoraciones de los muertos. El heredero
de un jefe podía mandar erigir un tótem como
parte del proceso de toma de posesión de su cargo
y títulos. A veces, los restos de un jefe se
depositaban en una urna en lo alto de un tótem. La
puesta de un tótem iba siempre acompañada de la
gran ceremonia del *potlatch*.

Un arte no inferior a ninguno

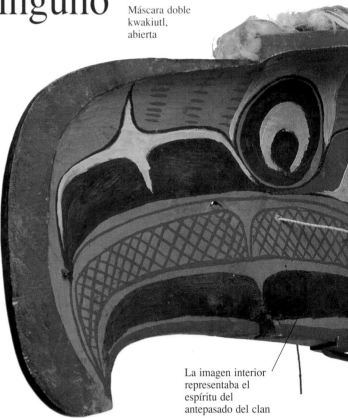

Máscara doble
kwakiutl,
abierta

AL TRÉMULO RESPLANDOR de la hoguera de una
casa del Noroeste, durante las ceremonias invernales,
dos grandes artes se manifestaban conjuntamente
de manera teatral: las danzas rituales y las máscaras de
complicadísimas tallas. Las danzas, celebradas por las
sociedades secretas para la iniciación de un nuevo
miembro, servían para renovar los vínculos entre los
antepasados y los espíritus. Los actores enmascarados
representaban el poder y la continua presencia del
mundo de los espíritus. La ceremonia era tanto ritual
como teatral, ya que los danzantes echaban mano de
efectos espectaculares para realzar el relato que estaban
contando. La pertenencia a la sociedad, el derecho a
danzar y la posesión de máscaras, contribuían a definir
los privilegios del prestigio social en esa cultura. Y en
su cometido de curanderos, los chamanes, hombres
o mujeres, también llevaban máscaras rituales.

La imagen interior
representaba el
espíritu del
antepasado del clan

Para abrir la máscara,
se tiraba del cordón
que pasaba por los
ojos y los pómulos

Sonajero haida
de madera con
figura de halcón

La barra
hacía de
palanca para
abrir el pico

Cerrada, la máscara
doble parecía una
cabeza de águila

Un redondel
de nácar
formaba el
ojo del ave

Los chamanes eran reverenciados
por la tribu debido a sus poderes
que infundían miedo. Esos
poderes procedían de su acceso al
mundo de los espíritus a través de
un espíritu guardián propio, al
que convocaban agitando un
sonajero sagrado. Se creía que la
enfermedad se producía por la
intrusión de un pequeño objeto en el
cuerpo, o por la pérdida o el robo del
alma. Los espíritus, a veces manipulados por
las brujas, solían ser la causa de muchas
enfermedades. Mediante una ceremonia
espectacular que exigía una gratificación, el
chamán curaba retirando el objeto o
restableciendo el alma perdida, y la bruja
quedaba desenmascarada y se la castigaba.

Los kwakiutl, que probablemente iniciaron las sociedades
secretas que luego se difundieron por el Noroeste, poseían
tres de ellas: la Sociedad de los Chamanes, que
representaba los espíritus violentos y amenazadores; la
Dluvulaxa, vinculada con los espíritus del cielo; y la
Nutlam, cuyo antepasado era el espíritu del lobo. Lo más
importante de la Sociedad de los Chamanes era un espíritu
caníbal: los danzantes de esa ceremonia, llamada *hamatsa,*
tenían gran prestigio y llevaban máscaras especialmente
complicadas. El objeto de los Ritos de Invierno kwakiutl,
que duraban cuatro meses desde mediados de noviembre,
era establecer una conexión entre los jóvenes no iniciados
y un ser sobrenatural particular; después de lo cual, los
jóvenes pasaban a formar parte de la correspondiente
sociedad secreta.

Cerca del
mango, un
pulpo mantiene
a raya a tres
brujas con
aviesas
intenciones

Un martín pescador
agarra con el pico
la lengua de un
hombre muerto

La bola roja es el So
robado en tiempos, pe
ahora libertado por
cuervo para que vuelva
brillar sobre la tier

Sonajero de chamán
tlingit, de madera, con
figura de pájaro ostrero

Sonajero tlingit
de madera con
figura de cuervo

Espíritu representado por
una figura casi
humana

Por la parte interior del
pájaro, la pintura muestra
una vista interna del ojo, la
ventana de la nariz y el pico

Aparte de las ceremonias de invierno, estaban las que
servían para ostentar los privilegios de cada linaje. Esta
espectacular máscara doble kwakiutl (que cambiaba de
figura de pájaro a otra humana) formaba, probablemente,
parte de una danza de ese tipo. Iba sujeta a la cabeza del
danzante con una abrazadera de cestería y nervios de
animales. Las barras en la parte posterior estaban unidas
por sendos cordones, a los costados del pico, y por un
tercer cordón a la parte inferior. Manejando los
cordones, en un momento se transformaba el espíritu de
un águila en una fiera cara humana

a cabeza posee
sgos humanos,
enos el pico
anchudo en
gar de nariz

Máscara del Sol
de los bella
coola

El sol central está
rodeado de cuatro
rostros ovales,
flanqueados por
sendas manos
abiertas y alzadas,
cuyos dedos son
los rayos del
astro rey

Los bella coola vivían al norte de la Columbia Británica
(Canadá), entre dos grupos de kwakiutl. El ser miembro de
su Sociedad de Danza, que solía ser de manera hereditaria, era
un codiciado privilegio que daba gran categoría. En su
ceremonia de invierno, que duraba cuatro noches, los miembros
ejecutaban danzas que les habían enseñado los espíritus del cielo.
Provistos de máscaras que representaban a los espíritus, los danzantes
interpretaban con grandes efectos teatrales las leyendas básicas de las
creencias de la tribu. Tallaban máscaras de efecto llamativo, por lo que a
veces resultaba difícil identificar a ciertos espíritus.

Este rostro
abombado,
tallado y pintado,
representa al
Espíritu del Sol

El poder del «potlatch»

En el Noroeste, el obtener riquezas traía consigo cierta categoría pero, en las grandes ceremonias del *potlatch,* el reparto de bienes la garantizaba. Los *potlatches* eran generosas distribuciones de regalos de un anfitrión a sus invitados (que podían ser centenares), y se celebraban con el fin de lograr aceptación para un ascenso de categoría social o una adquisición de privilegios. Los *potlatches,* que se llevaban a cabo al término de un banquete, no arruinaban al donante, porque el ser anfitrión de uno significaba que se era invitado en los demás, y por consiguiente se recibían regalos. En una sociedad donde se producían intensas rivalidades, los *potlatches* absorbían las tensiones que, de lo contrario, hubieran llevado a la guerra. Esas ceremonias todavía persisten. Una disposición gubernamental canadiense las prohibió entre 1884 y 1951, pero los kwakiutl la desafiaron, y a partir de la década de 1960 se ha producido un renacimiento del *potlatch.*

Adorno hecho de barbas de león marino

Incrustación de nácar

Castor tallado en madera, con una libélula en el vientre

El lujos[o] tocado haid[a] servía pa[ra] ostentar [la] riqueza de s[u] propietari[o]

Pluma de picamaderos

Pieles de armiño

Buena parte de la actividad artística de las tribus del Noroeste se plasmó en la creación de sus magníficas vestimentas de *potlatch*. En el siglo XIX, los haida copiaron los tocados de los danzantes ceremoniales de muchas tribus norteñas. Este tocado de arriba se solía llevar con la manta chilkat que se muestra abajo.

La figura emblemática familiar está grabada en este cobre haida de 1 m de alto

Estas placas de metal grabadas, similares a un escudo, se llamaban cobres, y se las consideraba objetos valiosísimos y muy estimadas como regalo en un *potlatch*. Aunque los cobres, como símbolos de riqueza, los inventaron las tribus del Noroeste antes de la llegada de los europeos, se popularizaron mucho más tarde en el siglo XIX, durante el período del comercio de pieles, debido al mayor acceso al cobre de las tribus.

El regalo de un cobre hacía patente una gran riqueza, y procuraba prestigio, honrando tanto al donante como al receptor. En ocasiones, en un alarde de ostentación, se podía deliberadamente dividir un cobre en piezas, como a la izquierda vemos que lo está haciendo un jefe en honor de su hijo y heredero. Como las rivalidades entre jefes solían ser intensas, a veces se partía un cobre y las piezas se daban a su rival. Entonces el receptor, sin demora, tenía que romper otro igual o de mayor valor, porque si no, quedaba mal parado.

El jefe Tutlidi y su hijo en Fort Rupert en 1894

Las mantas chilkat y los trajes de danza (derecha) eran prendas muy estimadas. Los tejían, con lana de cabras monteses y corteza de cedro, las mujeres tlingit, a quienes se pagaba mucho por su labor, por lo que la posesión de esos objetos era muestra de la riqueza de quien las llevaba. Los trajes se prestaban a los parientes, y eran ostentosamente exhibidos en los *potlatches,* donde un hombre honraba a sus invitados regalándoles trozos cortados de su traje.

Cada aro pregonaba que el portador había sido anfitrión de un *potlatch*

Figuras emblemáticas proporcionadas por los hombres, que pintaban en una tabla los motivos que tejían las mujeres

Se celebraban *potlatches* para solemnizar la boda de un jefe, para inaugurar la nueva mansión de un clan, o para las honras fúnebres de un viejo jefe muerto. El jefe de una casa solariega era responsable de las capturas en el mar y de las cosechas en el bosque (de las que recibía una parte), y de las relaciones con los demás clanes. En los *potlatches,* el anfitrión, que llevaba un sombrero de ceremonias (izquierda) y un traje como el de la derecha, recibía la ayuda de un portavoz, que se encargaba de hacer los debidos anuncios, y de un maestro de ceremonias, que recibía a los muchos invitados.

Los *potlatches* iban acompañados de una espectacular fiesta que a veces duraba más de doce días. El anfitrión se encargaba de procurarse más alimentos de los que pudieran comer sus invitados, quienes le devolvían el honor comiendo hasta ponerse enfermos. La comida se componía de carne de foca, pescado, bayas y verduras servidas con aceite de pescado en recipientes como esta gran vasija con cara de oso.

dorno
e pieles
e armiño

Cuenco de madera tlingit con incrustaciones de nácar

Oso estilizado tallado en este plato de banquete tlingit

Los platos de banquete eran primorosas obras de talla, parte visible de los símbolos de categoría y riqueza de una familia. Los mayores, que podían ser del tamaño (y la forma) de una canoa pequeña, se colocaban delante de los jefes invitados, quienes comían utilizando cucharas de cuerno de cabra montés o de madera. A los invitados del común, se les servía la comida en platos más pequeños, como el ejemplar tlingit de arriba.

ara hacer este sombrero
e cestería se usaban finas
ebras de raíz de abeto

La figura de cuervo es emblemática de la familia

Estos sombreros se solían confeccionar en época de lluvias, para evitar que los materiales se secasen

Los cazadores del norte

LA VIDA POR DEBAJO de la franja litoral del océano Ártico requería muchísimo ingenio, coraje y confianza en sí mismo. Los veranos eran cortos, y los inviernos, feroces, en los lejanos bosques y en la tundra (llanura de subsuelo helado). En esa dura tierra, la vida estaba dominada por la búsqueda del alimento. Las 30 tribus subárticas sobrevivían de la caza y la pesca, adaptándose a una vida nómada. Los chipewayan dependían del caribú y seguían a las grandes manadas en sus migraciones de temporada. Los ojibwa eran cazadores de los bosques, y se desplazaban alternativamente entre sus campamentos de verano y de invierno. Los naskapi de la taiga (bosques de coníferas) dependían también del caribú y de toda clase de caza. Conservaban la carne y el pescado mediante secado o ahumado. Lo más sobresaliente de la región eran las chozas (los *wigwams*), las raquetas para andar sobre la nieve, las canoas de corteza de abedul y las prendas de piel.

Mapa de Norteamérica para situar la región Subártica

La capucha de este abrigo de niño protege la cara del frío y viento invernal

Cierre de tiras de piel

Aunque cazaban osos, las tribus subárticas les tenían mucho respeto, porque creían que poseían espíritus poderosos, y que los cráneos retenían a esos espíritus, por lo cual los conservaban como amuletos. Los cazadores rezaban siempre para pedir perdón ante el espíritu de un oso, alegando su necesidad de alimentos, y pidiendo ayuda para lograr una buena caza.

Adorno sencillo de un cráneo de la tribu cree, que demuestra una gran reverencia hacia el espíritu del oso

Tiras de piel de conejo tejidas juntas

Las prendas de invierno, hechas por lo general de pieles de caribú curtidas con el pelo hacia dentro, eran chaquetas, mitones, polainas o pantalones, mocasines y capuchas. Los niños, a veces, llevaban abrigos hechos de tiras de pieles de conejo. Había notables diferencias en los estilos de adorno entre las tribus orientales y las occidentales. Por ejemplo, los orientales únicamente pintaban motivos rojos en sus chaquetas, mientras que los del lejano Oeste utilizaban adornos de púas de puercoespín, conchas y abalorios.

Los adornos de abalorios denotan influencia europea

Asas hechas de hilaza enrollada en cordón

Punta afilada de hueso de caribú para raer la carne de las pieles

Bolsa de tabaco de los slavey

Los espíritus (tanto los buenos como los malos) se aplacaban mediante oraciones y ofrendas de tabaco, ya que el humo subía para consolarlos. El tabaco era muy importante en la vida y las ceremonias religiosas. A veces se regalaba como invitación a una ceremonia o una fiesta, y un obsequio de tabaco se aceptaba como un gran honor por quien lo recibía.

El adobo (preparación) de pieles de caribú era tarea femenina, y labor larga y sucia. Con huesos partidos de caribú, como esta pareja chipewayan, se raían los restos de carne y el pelo exterior. Para lograr un proceso de curtido eficaz pero maloliente, se frotaba la piel con un puré de sesos podridos de caribú. Después de lavarla, se ponía a estirar en un bastidor y se trabajaba a mano hasta dejarla flexible. Por último, se la colgaba junto a una hoguera para que se curase al humo.

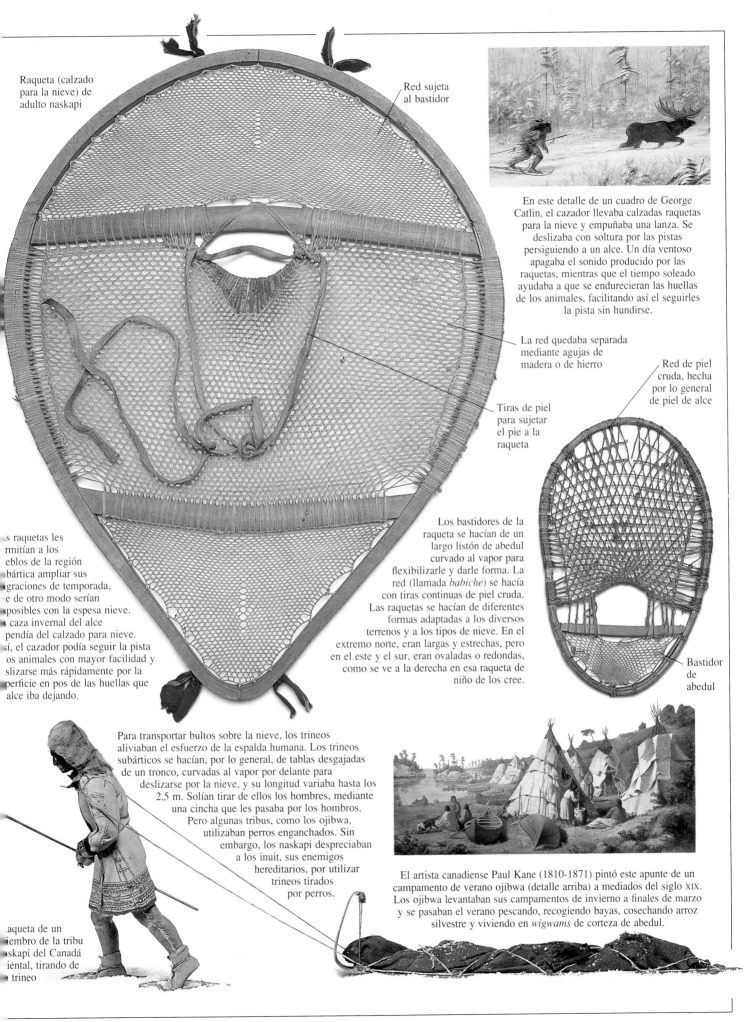

Raqueta (calzado
para la nieve) de
adulto naskapi

Red sujeta
al bastidor

En este detalle de un cuadro de George
Catlin, el cazador llevaba calzadas raquetas
para la nieve y empuñaba una lanza. Se
deslizaba con soltura por las pistas
persiguiendo a un alce. Un día ventoso
apagaba el sonido producido por las
raquetas, mientras que el tiempo soleado
ayudaba a que se endurecieran las huellas
de los animales, facilitando así el seguirles
la pista sin hundirse.

La red quedaba separada
mediante agujas de
madera o de hierro

Red de piel
cruda, hecha
por lo general
de piel de alce

Tiras de piel
para sujetar
el pie a la
raqueta

Los bastidores de la
raqueta se hacían de un
largo listón de abedul
curvado al vapor para
flexibilizarle y darle forma. La
red (llamada *babiche*) se hacía
con tiras continuas de piel cruda.
Las raquetas se hacían de diferentes
formas adaptadas a los diversos
terrenos y a los tipos de nieve. En el
extremo norte, eran largas y estrechas, pero
en el este y el sur, eran ovaladas o redondas,
como se ve a la derecha en esa raqueta de
niño de los cree.

Bastidor
de
abedul

s raquetas les
rmitían a los
eblos de la región
bártica ampliar sus
igraciones de temporada,
e de otro modo serían
posibles con la espesa nieve.
caza invernal del alce
pendía del calzado para nieve.
í, el cazador podía seguir la pista
os animales con mayor facilidad y
slizarse más rápidamente por la
perficie en pos de las huellas que
alce iba dejando.

Para transportar bultos sobre la nieve, los trineos
aliviaban el esfuerzo de la espalda humana. Los trineos
subárticos se hacían, por lo general, de tablas desgajadas
de un tronco, curvadas al vapor por delante para
deslizarse por la nieve, y su longitud variaba hasta los
2,5 m. Solían tirar de ellos los hombres, mediante
una cincha que les pasaba por los hombros.
Pero algunas tribus, como los ojibwa,
utilizaban perros enganchados. Sin
embargo, los naskapi despreciaban
a los inuit, sus enemigos
hereditarios, por utilizar
trineos tirados
por perros.

El artista canadiense Paul Kane (1810-1871) pintó este apunte de un
campamento de verano ojibwa (detalle arriba) a mediados del siglo XIX.
Los ojibwa levantaban sus campamentos de invierno a finales de marzo
y se pasaban el verano pescando, recogiendo bayas, cosechando arroz
silvestre y viviendo en *wigwams* de corteza de abedul.

aqueta de un
iembro de la tribu
skapi del Canadá
iental, tirando de
trineo

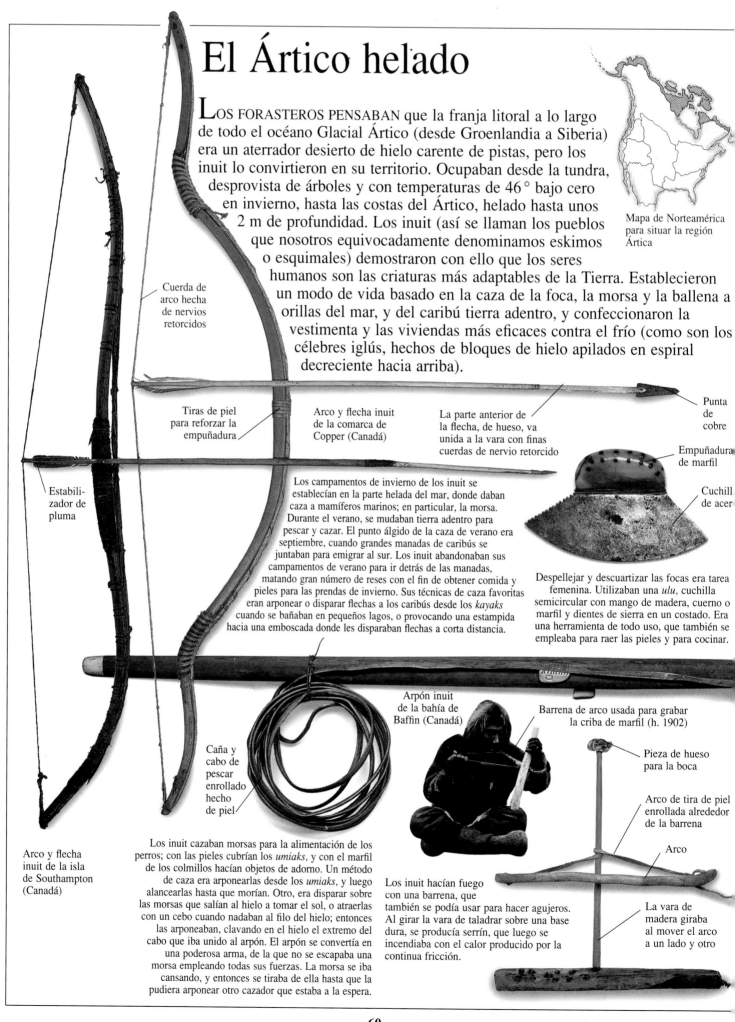

El Ártico helado

LOS FORASTEROS PENSABAN que la franja litoral a lo largo de todo el océano Glacial Ártico (desde Groenlandia a Siberia) era un aterrador desierto de hielo carente de pistas, pero los inuit lo convirtieron en su territorio. Ocupaban desde la tundra, desprovista de árboles y con temperaturas de 46° bajo cero en invierno, hasta las costas del Ártico, helado hasta unos 2 m de profundidad. Los inuit (así se llaman los pueblos que nosotros equivocadamente denominamos eskimos o esquimales) demostraron con ello que los seres humanos son las criaturas más adaptables de la Tierra. Establecieron un modo de vida basado en la caza de la foca, la morsa y la ballena a orillas del mar, y del caribú tierra adentro, y confeccionaron la vestimenta y las viviendas más eficaces contra el frío (como son los célebres iglús, hechos de bloques de hielo apilados en espiral decreciente hacia arriba).

Mapa de Norteamérica para situar la región Ártica

Cuerda de arco hecha de nervios retorcidos

Tiras de piel para reforzar la empuñadura

Arco y flecha inuit de la comarca de Copper (Canadá)

La parte anterior de la flecha, de hueso, va unida a la vara con finas cuerdas de nervio retorcido

Punta de cobre

Empuñadura de marfil

Cuchill de acer

Estabilizador de pluma

Los campamentos de invierno de los inuit se establecían en la parte helada del mar, donde daban caza a mamíferos marinos; en particular, la morsa. Durante el verano, se mudaban tierra adentro para pescar y cazar. El punto álgido de la caza de verano era septiembre, cuando grandes manadas de caribús se juntaban para emigrar al sur. Los inuit abandonaban sus campamentos de verano para ir detrás de las manadas, matando gran número de reses con el fin de obtener comida y pieles para las prendas de invierno. Sus técnicas de caza favoritas eran arponear o disparar flechas a los caribús desde los *kayaks* cuando se bañaban en pequeños lagos, o provocando una estampida hacia una emboscada donde les disparaban flechas a corta distancia.

Despellejar y descuartizar las focas era tarea femenina. Utilizaban una *ulu,* cuchilla semicircular con mango de madera, cuerno o marfil y dientes de sierra en un costado. Era una herramienta de todo uso, que también se empleaba para raer las pieles y para cocinar.

Arpón inuit de la bahía de Baffin (Canadá)

Barrena de arco usada para grabar la criba de marfil (h. 1902)

Caña y cabo de pescar enrollado hecho de piel

Pieza de hueso para la boca

Arco de tira de piel enrollada alrededor de la barrena

Arco

Arco y flecha inuit de la isla de Southampton (Canadá)

Los inuit cazaban morsas para la alimentación de los perros; con las pieles cubrían los *umiaks,* y con el marfil de los colmillos hacían objetos de adorno. Un método de caza era arponearlas desde los *umiaks,* y luego alancearlas hasta que morían. Otro, era disparar sobre las morsas que salían al hielo a tomar el sol, o atraerlas con un cebo cuando nadaban al filo del hielo; entonces las arponeaban, clavando en el hielo el extremo del cabo que iba unido al arpón. El arpón se convertía en una poderosa arma, de la que no se escapaba una morsa empleando todas sus fuerzas. La morsa se iba cansando, y entonces se tiraba de ella hasta que la pudiera arponear otro cazador que estaba a la espera.

Los inuit hacían fuego con una barrena, que también se podía usar para hacer agujeros. Al girar la vara de taladrar sobre una base dura, se producía serrín, que luego se incendiaba con el calor producido por la continua fricción.

La vara de madera giraba al mover el arco a un lado y otro

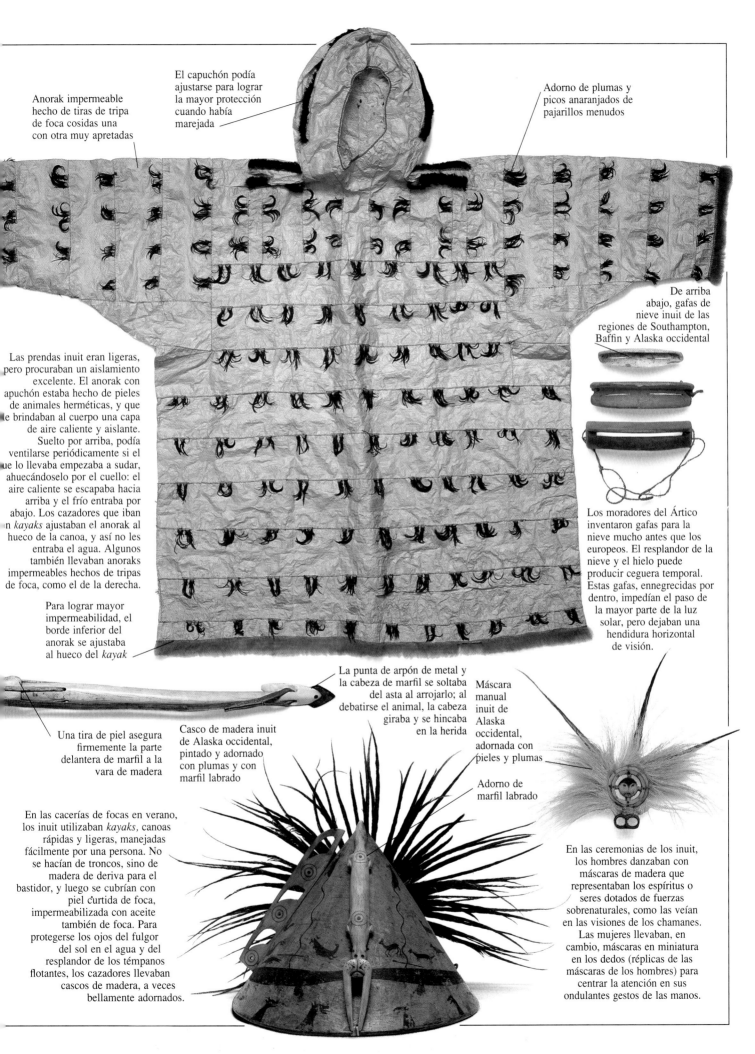

Anorak impermeable hecho de tiras de tripa de foca cosidas una con otra muy apretadas

El capuchón podía ajustarse para lograr la mayor protección cuando había marejada

Adorno de plumas y picos anaranjados de pajarillos menudos

Las prendas inuit eran ligeras, pero procuraban un aislamiento excelente. El anorak con apuchón estaba hecho de pieles de animales herméticas, y que e brindaban al cuerpo una capa de aire caliente y aislante. Suelto por arriba, podía ventilarse periódicamente si el ue lo llevaba empezaba a sudar, ahuecándoselo por el cuello: el aire caliente se escapaba hacia arriba y el frío entraba por abajo. Los cazadores que iban n *kayaks* ajustaban el anorak al hueco de la canoa, y así no les entraba el agua. Algunos también llevaban anoraks impermeables hechos de tripas de foca, como el de la derecha.

Para lograr mayor impermeabilidad, el borde inferior del anorak se ajustaba al hueco del *kayak*

De arriba abajo, gafas de nieve inuit de las regiones de Southampton, Baffin y Alaska occidental

Los moradores del Ártico inventaron gafas para la nieve mucho antes que los europeos. El resplandor de la nieve y el hielo puede producir ceguera temporal. Estas gafas, ennegrecidas por dentro, impedían el paso de la mayor parte de la luz solar, pero dejaban una hendidura horizontal de visión.

Una tira de piel asegura firmemente la parte delantera de marfil a la vara de madera

La punta de arpón de metal y la cabeza de marfil se soltaba del asta al arrojarlo; al debatirse el animal, la cabeza giraba y se hincaba en la herida

Casco de madera inuit de Alaska occidental, pintado y adornado con plumas y con marfil labrado

Máscara manual inuit de Alaska occidental, adornada con pieles y plumas

Adorno de marfil labrado

En las cacerías de focas en verano, los inuit utilizaban *kayaks,* canoas rápidas y ligeras, manejadas fácilmente por una persona. No se hacían de troncos, sino de madera de deriva para el bastidor, y luego se cubrían con piel curtida de foca, impermeabilizada con aceite también de foca. Para protegerse los ojos del fulgor del sol en el agua y del resplandor de los témpanos flotantes, los cazadores llevaban cascos de madera, a veces bellamente adornados.

En las ceremonias de los inuit, los hombres danzaban con máscaras de madera que representaban los espíritus o seres dotados de fuerzas sobrenaturales, como las veían en las visiones de los chamanes. Las mujeres llevaban, en cambio, máscaras en miniatura en los dedos (réplicas de las máscaras de los hombres) para centrar la atención en sus ondulantes gestos de las manos.

Los tiempos modernos

HACE UN SIGLO, a los indígenas de Norteamérica se los contemplaba como «indios en desaparición». Se contaba que acabarían por fundirse con la sociedad norteamericana blanca, o simplemente que se extinguirían; pero se han negado tanto a una cosa como a la otra. Hoy suman unos 2,5 millones en los EE UU y Canadá, viviendo la mitad de ellos fuera de las reservas, y están resucitando las tradiciones tribales y afanándose por encontrar un cometido propio en una nación multicultural. La política gubernamental canadiense y estadounidense, aunque estaba bien intencionada, tendía a que las reservas dependiesen del apoyo del gobierno, mientras que los recursos tribales eran esquilmados por los intereses de las compañías privadas. La desesperación acarreó desempleo, enfermedades y carencia de educación en proporción mayor que la media nacional. A partir de la década de 1970, las protestas militantes preconizaron soluciones espectaculares, pero que fueron menos eficaces que el recurso a las leyes para obligar a compensaciones por los derechos perdidos. En la actualidad, muchos indígenas de Norteamérica abrigan esperanzas de poder volver a las formas tradicionales de liderazgo y de toma de decisiones.

Botella de Coca Cola sobre un pedestal

Interpretación moderna de un peinado tradicional mohawk

Motivo de un espíritu mohawk

Los mohawk del noreste son famosos po
aptitud para los trabajos arriesgados y altam
cualificados en la construcción de puent
rascacielos. Empezaron por una cuad
contratada en 1886, cuyos miem
enseñaron a sus parientes y amigos lo
poéticamente bautizaron «andar por el
acero». El auge de la construcció
rascacielos en Nueva York en la déc
de 1930 llevó a crear una comun
mohawk que sigue ofreciendo
estimables servicios hoy día. De
han servido en la industria mod
las viejas tradiciones de arrojo
solidaridad fam

La identidad de los indígenas
norteamericanos inspira hoy
un artista, pero no le dicta
forzosamente sus motivos.
Richard Glazer Danay, q
fue montador del «alto
acero», pintó este casc
seguridad como si fue
un tocado moderno
mohawk. Mezcla
imágenes sarcásticas
la vida norteamerican
con alusiones al arte clá
y motivos que reflejan las
tradiciones mohawk.

Casco de la construcción pintado en 1982, como si fuera un «tocado» moderno mohawk, por el artista indígena norteamericano Richard Glazer Danay

Esta figura alude a una pintura renacentista

Las ceremonias tradicionales conservan fuerza y significado para los apaches. Danzantes con máscaras, tocados y pinturas corporales simbólicas, representan a los *gans* (espíritus de las montañas). Dirigidos por un chamán, los personificadores de los *gans* llevan a cabo ritos para obtener protección contra los espíritus hostiles o para sanar a los enfermos. Los danzantes *gans* también actúan en las fiestas para celebrar la pubertad de una jovencita.

Mujer navajo cociendo pan, en un horno y con utensilios tradicionales

Unos 200.000 navajos viven en su reserva de unos 6 millones de ha, principalmente en Arizona, la más extensa de los Estados Unidos. Los navajos han estado mucho tiempo divididos acerca de hasta qué punto había que aceptar los modos de vida de los blancos. La asamblea tribal todavía celebra reuniones en navajo, y las ceremonias siguen siendo cruciales en la vida de la tribu, en especial las dedicadas a curar enfermedades. La artesanía tradicional navajo, como el tejido y la orfebrería, constituye una fuente de ingresos apreciable.

Haciendo uso de los derechos sobre sus tierras, confirmados en 1988 por un decreto del Congreso, indígenas norteamericanos han abierto casinos de juego en 33 de los Estados Unidos. Los casinos les procuran puestos de trabajo, y los beneficios se invierten en viviendas, escuelas y servicios de salud; pero ya han surgido divergencias entre las tribus acerca de cómo emplear esos ingresos, y algunos dirigentes tienen miedo de que el juego traiga malas consecuencias.

Grupo de niños ojibwa en un *powwow*

Los *powwows,* que nunca se extinguieron, han recobrado hoy mucha popularidad. En 1993 se celebraron casi un millar, a los que asistieron indígenas norteamericanos en un 90 %. Constituyen una forma de afirmación de identidad de los indígenas. Muchas tribus participan en esas verbenas de fin de semana en las que predomina el baile. En ellas, junto con las competiciones de danzas tradicionales, se celebran bailes sociales «intertribales».

Desde la década de 1960, los gobiernos canadiense y norteamericano han sufragado nuevos programas de enseñanza gestionados por las propias tribus. Con esas nuevas escuelas (que enseñan tanto en su lengua como en inglés), la práctica totalidad de la población infantil de las reservas está ahora escolarizada.

En la década de 1970, nuevos grupos de asistencia legal, como la Fundación de los Derechos de los Indígenas Americanos, han ganado pleitos ante la Comisión de Reclamaciones de los Indios (EE UU), establecida en 1946. En la actualidad cursa reclamaciones acerca de rupturas de tratados: los dakota han recibido 105 millones de dólares, y a las tribus del Maine les han concedido 40 millones. El gobierno canadiense y los inuit han llegado en 1991 a un acuerdo acerca de un territorio gobernado por los indígenas, Nunavut.

Índice

Números de catálogo de los objetos fotografiados en el AMNH:

1. 50.1/2448. 2. aiz 50.1/1331. ac E/2565; ad 50/ 3808; ciz 50.1/1205: c 50.1/316; cab 60-53; cab 50/3808: abc 50/978AB. 3. aiz 50/7649; ad 16/902: ab 50/5545, 5546. 4. aiz 50/355; ac50/7388; cd 50/3045; ciz, 1/2802; cizab 50.1/954: abd 50/8405; abc 50/8196; abd 50/9485; H/15179. 5. ad 50/5179. 6. ciz 20.2/2778; ad 20.2/5865, 20.1/8577; c DN/756; abd T/2448; 20/6781, T/914, 20/6795. 7. aiz H/5144; ac 29.1/6070; ciz H/10246; cd 29.1/7105; abiz 1/341. 8. iz 50.2/1182A; abd 9173. 9. a E/419; abd 50/7649. 10. iz 16/4921; ciz 50.1/5418; abd 16/535, 16.1/769, 16/534. 11. ciz 50/5449A; abd 50/466A-H. 12. abd 50.1/7475; ciz 50.1/6443; ab 1/4122. 13. aiz 50.271320; cd 50/7388; cabd 50.1/7607 AB. 14. iz 50.1/1696; ca 50.1/1768. 15. aiz 50.1/1744; d 50.1/1528. 16. cad 50.1/5651, 50.1/1544; c 50.1/ 3706, 50.16870; abiz 50.1/5632A, 50.1/1852. 17. ciz 50.6486; cd 50.1/1908; abiz 50.1/1786, NAE/0064, 50.1/1886. 18. ad 50.1/1942; cabiz 50.1/1943; 50.1/1595; abiz 50.1/1603; abd 50.1/7572. 19. aiz 50.1/1613AB, 50.1/1614AB. 20. ad 50.1/6609; ciz NN1-4; ab T/833. 21. ciz 50.1/8657; ac 50.1/7038; cd 10/34. 22. ad 50/2232; ciz 50.1/ 7174AB; abiz 50/9950, 50/9949, 50/572; abd 50.2/1378. 23. ad 50.1/6625; cd 50/ 4695AB. 24. cd 50/5336; ab 50.17215. 25. aiz 20.0/713; ac D/N116; cd 50/5816; ca 50/5363; cab 50/5364. 26. iz 50/3808; ad 50.2/6405, 50/6407; c 50/7306. 27. aiz 50/5323. 28. iz 50.1/516, 50.1/507, 508. 29. aiz 50.1/5768AB; ciz 50.2/2878; ad 50/311, 50/301A-C. 30. ciz 50.1/7515. 31. aiz 50/5740; abiz 50/5756; d 50.1/392, 50.2/6554, 50.1/301, 50.1/323AB, 50.1/8305AB. 32. iz 50.1/4532. 33. cd 50.1/6012; d 50.1/7894. 34. ciz 1/4606; abd 50/5545. 35. aiz 50/5760; ad 50/5546. 36. ad 50/5719; abiz 50.1/5652AB; abd 50.1/4011A. 37. ad 50/6166D. 38. a 16/8648; c 16/8649, 8650AF; cd 16/9076, 16/9077A; abiz 50/3768; cd 50/3768. 39. iz 16/1285; c 16/8666; abd 50/2515. 40. cab 50/9268; 50.2/6786. 41. iz 50.1/5991; cd 50/1275AB. 42. ciz 50/3132; abiz 1/4681,4682; d 50/2612. 43. aiz 50/565; ad 50/2588; cd T/ 18243; abd 50/3178, 50/3431, 50.1/2038B. 44. iz 50.1/9232; c. 50.2/4760; cd 50.14049; ab 50.1/9218. 45. a 50.1/2488. 46. iz 50/9485, 50/245; abiz 16.1/ 404. ad cd 50/2 5664; d 50/9523. 47. iz 50.2/ 6593; iz 50/9433; d 50/9318. 48. ciz 50.2/4817; abiz 50/8269; c 50.1/6213AB; cd 50/8405; d 50.1/.954. 49. iz 50.2/4819E; abd 50/8196. 50. ad 50.1/4191; abiz 50.1/4790; cd 50.1/ 4889; d. 50.1/4182. 51. c, abiz 50.1/4592. 52. aiz E/1525; ciz 16/16B; ab 16/949. 53. ad E/806; iz 16.1/558B; d 16/8686. 54. ad, ciz 16/6770; cd 16/308; abc E/348; abd 19/803. 55. abd 16/1507. 56. ab 16/245; abiz 16.1/ 404. 57. iz 19/1000; ad 19/1048; c 19/1086; abd 19/1239. 58. 50.2/3008; c 50/7028; abiz 50.1/7722; abd 50/7108, 7109. 59. ciz 50.2/2736B: cd 50/7018B. 60. iz 60/2477, 60/2478A; ciz 60.2/ 5371, 60/6957D; cab 60/1133-4; abd O/63ABC. 61. a 60/3336B, 60/1355; cabd 60.1/3996; ab 60.1/3773.

Agradecimientos

Han colaborado:

The American Museum of Natural History, en especial Aníbal Rodríguez y Judith Levinson (Antropología); John Davey (Publicaciones); Deborah Barral, Mark Gostnell, Lize Mogel, Alan Walker, Marco Hernández y Rob Muller (Exposiciones); Joe Donato, Tony Macaluso, Martin Daly, Edwin Brookes (Iluminación); Eddy García (Mantenimiento). Leslie Gerhauser, en labores auxiliares fotográficas. Sally Rose, en investigación adicional. Helena Spieri, Tim Button, Sophy D'Angelo, Ivan Finnegan, Kati Poynor y Susan St. Louis, en ayuda de labores editoriales y de diseño. Dave King y Kathe Barren, por fotografía adicional, Museo de la Humanidad.
Montaje: John Woodcock.

Iconografía:

(a=arriba; ab=abajo; c=centro; i=izquierda; d=derecha.)
Anmerican Indian Contemporary Art: Larry McNeill, 62abi. American Museum of Natural History: 36ai (n.º 335493) 43cab (n.º 2342), 52cabd (n.º 44309), 56cabd (n.º 121545; E. S. Curtis 39ad (n.º 335534), 46aiz (n.º 335553A); J. K. Dixon 29ab (n.º 316642). Bridgeman Art Library: D. F: Barry, Bismarck (Dakota) 31c; British Museum 18c; Col. privada, 32c; Royal Ontario Museum, Toronto 59cabd. Fideicomisarios del British Museum: 9ciz, 9c. Colrific!/Black Star: J. Cammick 63ciz; P. S. Mecca 62d. Comstock: Georg Gerster 45cab; Hutchinson Library: Moser 63abd. The Image Bank: Marvin Newman 63aiz. Ann Ronan Image Select: 16ad. Colecciones de la Biblioteca del Congreso, Washington: 30cíz. Magnum Photos: E. Arnold 63ad. Colección Mansell: 25cabd, 25ab, 49cd. Minnesota Historical Society: 33c. Montana Historical Society, Helena: 34abd. Nevada Historical Society, Reno: 40cda, 41ad. Peter Newark's Western Americana: cubierta, 10cab, 10ca, 12cab, 14aiz, 19ad, 21abd, 23aiz, 28c, 33aiz, 34c, 37abc, 40aiz, 46aiz. The Arizona Historical Society, Tucson, 48ad. Rochester Museum and Science, Center, Rochester (NY): (Formation of the League, de Ernest Smith) 14cd. Royal Ontario Museum, Toronto (detalle de Cazando alces en invierno) 9ad. Serrvice de la Marine, Vincennes (Francia): detalle de Culture & Stationis ratio, de Bry), 17abd. Smithsonian Institution: Department of Anthropology 30/31 (n.º cat. 358425); National Anthropological Archives 19abd, 26abiz, 27acd, 30tad, 35ad, 41tad, 42cda, 50cda, 60abcd. Cortesía del Sothwest Museum, Los Ángeles: 22c. Frank Spooner Pictures/Gamma: A. Ribeiro 63cd. Trip/Ubiquitous: L. Fordyce 63ac.
Los editores han realizado todos los esfuerzos posibles para indagar el titular del copyright de todas las fotografías; piden perdón por las omisiones, y prometen corregirlas en las sucesivas ediciones.